WPU Biologie

Gesundheit

Gesundheit

Schroedel

WPU *Biologie* **Gesundheit**

Herausgegeben und bearbeitet von:
Imme Freundner-Huneke
Karin Janowitz
Dr. Harald Kähler
Dr. Wolfgang Martin-Beyer

unter Mitarbeit der Verlagsredaktion

Trotz entsprechender Bemühungen ist es nicht in allen Fällen gelungen, den Rechtsinhaber ausfindig zu machen.
Gegen Nachweis der Rechte zahlt der Verlag für die Abdruckerlaubnis die gesetzlich geschuldete Vergütung.

Titel: ACE/Mauritius, Mittenwald; 4.1: age/Mauritius, Mittenwald; 9.1A -2D: Tegen, Hambühren; 10.1: Hubatka/Mauritius, Mittenwald; 11.1A: H.T.M./Mauritius, Mittenwald; 11.1B: Scholz/Silvestris, Kastl; 11.1C: Stolt/Diagentur/mediacolor's, Zürich; 11.1D: TH Foto-Werbung/Silvestris, Kastl,; 11.1E: Lacz/Silvestris, Kastl; 12.1: Rogge, Hannover; 14.1: Lance/IFA-Bilderteam, München; 14.2: Diaf/IFA-Bilderteam, München; 19.1A: Cortier/Okapia, Frankfurt; 19.1B: Siu/Nas/Okapia, Frankfurt; 20.1A: Dr. Gaugler/Okapia, Frankfurt; 20.1B: Dr. Reinbacher, Kempten; 22.1A: Scholz/Silvestris, Kastl; 22.1B: Minkus, Isernhagen; 22.2: Dr. Sevcik/Silvestris, Kastl; 23.1: Schulz/Lade, Frankfurt; 24.1: Stock Image/Mauritius, Mittenwald; 24.2: Minkus, Isernhagen; 25.1: Kerscher/Silvestris, Kastl; 26.1: Silvestris, Kastl; 26.3: Binder/Lade, Frankfurt; 28.6: Prof. Dr. Majewski, Düsseldorf; 29.1, 2, 30.1: Minkus, Isernhagen; 31.4: Landeszentrale für Gesundheitsförderung in Rheinland-Pfalz e. V. (LZG), Gesundheitsministerium Rheinland-Pfalz und AOK Rheinland-Pfalz; 31.V1: Tegen, Hambühren; 33.1: aus: Polizei, Broschüre: Wie schützen Sie Ihr Kind vor Drogen?; 33.2: Kiepke/Naturbild/Okapia, Frankfurt; 33.3: action press, Hamburg; 33.4: Mauritius, Mittenwald; 33.5, 5: aus: Polizei, Broschüre: Wie schützen Sie Ihr Kind vor Drogen?; 37.3A: Dr. Reber/Wissenschaftliche Bildagentur Karly, München; 38.1: Biophoto/ScienceSou/Okapia, Frankfurt; 38.2: Prof. Wanner/Wissenschaftliche Bildagentur Karly, München; 39.3: Zuber/CMSP/Okapia.Bilder pur, München; 39.4: Nas/McIntyre/Okapia, Frankfurt; 40.1: Institut für Wissenschafttliche Fotografie Kage, Lauterstein; 40.3: Phototake/Mauritius, Mittenwald; 44.1, 45.1A: Auli/Mauritius, Mittenwald; 45.2: Siu/Nas/Okapia, Frankfurt; 46.1: eye of science, Reutlingen; 47.2A: Prof. Wanner/Wissenschaftliche Bildagentur Karly, München; 48.1: O'Brian/Mauritius, Mittenwald; 48.2: Prof. Wanner/Wissenschaftliche Bildagentur Karly, München; 48.3: CMSP/Okapia, Frankfurt; 50.1: Neufried/Okapia, Frankfurt; 50.2: Steger/Arnold Inc./Okapia, Frankfurt; 54.1: Prof. Wanner/Wissenschaftliche Bildagentur Karly, München; 54.2: Oxoid GmbH, Wesel; 55.1: Deutsches Museum, München; 55.2A: Lichtbildarchiv Dr. Keil, Neckargemünd; 56.1A: Lange/Mauritius, Mittenwald; 56.1B: Rose/Okapia, Frankfurt; 58.1: Rose/Okapia, Frankfurt; 60.1A: Schmidt/Mauritius, Mittenwald; 60.3: Brockhaus/Silvestris, Kastl; 60.5: Schacke/Naturbild/Okapia, Frankfurt; 61.1: Kuch/Silvestris, Kastl; 61.3: Ruckszio/Silvestris, Kastl; 61.4: Schacke/Naturbild/Okapia, Frankfurt

Illustrationen:
Tom Menzel, Liselotte Lüddecke

Umschlagentwurf:
Kochinke und kein Partner

ISBN 3-507-76386-9

Druck A 5 4 3 2 / 2006 2005 2004 2003

Alle Drucke der Serie A sind im Unterricht parallel verwendbar. Die letzte Zahl bezeichnet das Jahr dieses Druckes.

Satz und Repro: O&S Satz GmbH, Hildesheim
Druck und Bindung: Westermann Braunschweig

Was ist Gesundheit?

Gesundheit – was man dafür tun kann

Gesundheit – im Griff der Sucht

Gesundheit bedroht von Viren, Bakterien, Pilzen

Gesundheit – undenkbar ohne Heilmethoden

Was ist Gesundheit?

Sandra ist 13 Jahre alt. Sie wohnt mit ihren Eltern in einem großen Haus mit Garten. Zum Geburtstag bekam sie von ihren Eltern ein eigenes Pferd und von ihrer Patentante einen Gutschein ihrer Lieblings-Boutique. Den letzten Urlaub verbrachte sie zusammen mit ihren Eltern in Florida.
Kontakt zu ihren Mitschülerinnen und Mitschülern hat Sandra nur wenig, die meisten halten sie für eingebildet. Sie besucht keine Tanzschule und ist auch nicht Mitglied in einem Sportverein.
Sandra verbringt ihre freie Zeit meist mit ihrer Playstation. Ihre Versetzung scheint gefährdet, da die Noten im Laufe des Schuljahres stetig schlechter wurden. In letzter Zeit fühlt sie sich oft antriebslos und traurig, obwohl der Arzt sagt, sie sei körperlich gesund.

1 Gesundheit ist von vielen Bedingungen abhängig

A1 Nach der Definition der Weltgesundheitsorganisation bedeutet Gesundheit mehr als nur das Fehlen von Krankheit. Versuche zu erklären, warum Sandra nach der Definition der WHO krank ist, obwohl sie nach Aussagen des Hausarztes organisch gesund ist.

A2 Erkläre, warum in vielen Fällen nur der betroffene Mensch selbst beurteilen kann, ob er gesund oder krank ist.

A3 a) Welche Einflüsse können sich günstig und welche können sich schädlich auf unsere Gesundheit auswirken?
b) Welche Bedingungen für die menschliche Gesundheit in der Abb. 1 hältst du für besonders wichtig?
c) Vergleicht im Klassenverband, welche Bedingungen für jeden Einzelnen bedeutsamer als andere sind.

A4 Nenne weitere Bedingungen für die menschliche Gesundheit.

A5 Was kann jeder selbst für seine Gesundheit tun und was kann man nicht selbst beeinflussen?

A6 Erläutere anhand von Obdachlosigkeit, wie Gesundheit und gesellschaftiche Bedingungen zusammenhängen.

Gesundheit – ein Menschenrecht?

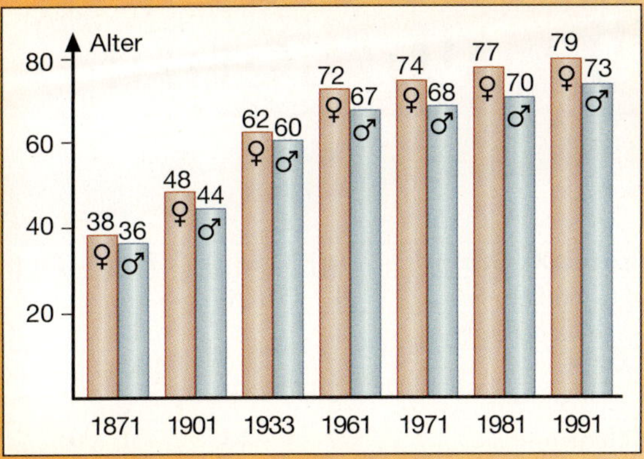

1 Lebenserwartung in Deutschland

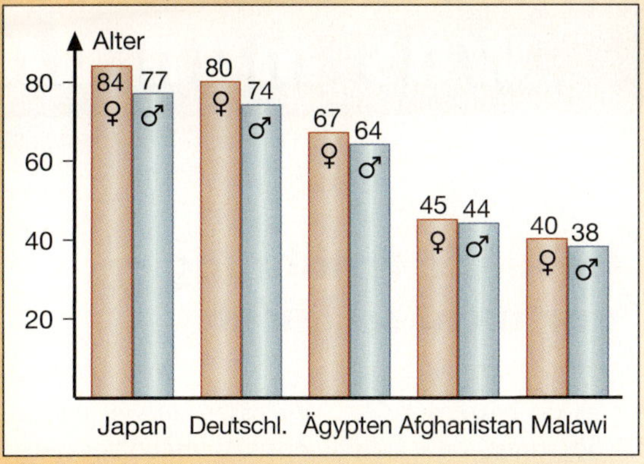

2 Heutige Lebenserwartung in einzelnen Ländern

Zu Beginn des 20. Jahrhunderts lag in Deutschland die Lebenserwartung für Frauen bei ca. 48 Jahren und für Männer bei ca. 44 Jahren. Häufig waren Infektionskrankheiten die Ursache für den frühen Tod. Bessere Ernährung, verbesserte Hygiene und Fortschritte in der Medizin ließen die Lebenserwartung der Menschen ansteigen. Seit Anfang der 60er Jahre sind die Impfraten gegen Polio, Masern, Tetanus, Keuchhusten, Tuberkulose und Diphtherie in den Industrieländern von 5 auf 80 % gestiegen. Dadurch konnte vielen Menschen das Leben gerettet werden.

In vielen Ländern ist die Lebenserwartung auch heute noch gering. Viele Menschen können sich nicht ausreichend und ausgewogen ernähren und haben keinen Zugang zu Gesundheitsdiensten. Es fehlt eine hygienische Wasserversorgung. Diese schlechten Bedingungen erhöhen die Anfälligkeit für Infektionskrankheiten. In Entwicklungsländern stehen oftmals nicht genügend finanzielle Mittel für den Impfschutz zur Verfügung. Immer noch leben Millionen Menschen in starker Armut. Die WHO bezeichnet Armut als Hauptursache von Krankheit.

Ein Sechstel der Weltbevölkerung ist zwischen 10 und 19 Jahren alt. 85 % dieser Jugendlichen leben in Entwicklungsländern. Doch bei staatlichen Förderprogrammen und Entwicklungshilfe-Projekten spielt die Zielgruppe der Jugendlichen nur eine geringe Rolle.

In Entwicklungsländern gehen viele Kinder und Jugendliche nicht zur Schule, zwei Drittel von ihnen sind Mädchen. Sie haben in vielen Kulturen eine geringere gesellschaftliche Stellung als Jungen. Meist müssen sie Aufgaben im Haushalt übernehmen oder in Fabriken arbeiten.

Häufig werden Mädchen sehr jung verheiratet. Meist haben sie keinen Einfluss auf diese Entscheidung der Eltern, weil sie aufgrund ihrer gesellschaftlichen Stellung nicht die Möglichkeit haben, ihre Partner selbst zu bestimmen. Viele Mädchen werden sehr früh schwanger. Manche sterben an Komplikationen während der Geburt.

A1 a) Wie lassen sich die unterschiedlichen Lebenserwartungen in den Ländern erklären?
b) Versuche zu erklären, warum in den Industrieländern die Lebenserwartung der Frauen größer ist als die der Männer und es in Entwicklungsländern kaum eine solche Differenz gibt.

A2 Weltweit betreffen 21 % aller Todesfälle Kinder unter 5 Jahren. Die Kindersterblichkeit beträgt in Ägypten 5 %, Afghanistan 26 %, Deutschland 1 %, Japan < 0,5 %, Malawi 22 %.
a) Erstelle ein Balkendiagramm.
b) Vergleiche das Diagramm mit der Abb. 2 und stelle einen Zusammenhang zwischen Kindersterblichkeit und Lebenserwartung her.

A3 Gesundheit ist ein Menschenrecht. Erkläre, warum die WHO die Armutsbekämpfung als Voraussetzung für die Verwirklichung dieses Menschenrechts ansieht.

A4 Erläutere, welche Bedeutung Bildung, Bürgerkriege, sexuelle Aufklärung und Selbstbestimmung für die Gesundheit haben.

A5 Noch nie änderten sich die Lebensverhältnisse der Menschen so schnell wie im 20. Jahrhundert. Somit wandelten sich auch die Bedingungen für ein gesundes Leben.
Nenne unterschiedliche Lebensbedingungen aus Vergangenheit und Gegenwart. Welche dieser Veränderungen beeinflussen die menschliche Gesundheit positiv, welche negativ?

Gesundheit – was man dafür tun kann

1 Gesunde Ernährung – gar nicht so leicht

„Wir essen uns krank." – „Wir essen zu viel und zu fett." So sagen viele Ernährungswissenschaftler. Aber wie soll eine gesunde Ernährung aussehen?
Nahrungsmittel enthalten vor allem die **Nährstoffe** *Kohlenhydrate* (Stärke, Zucker), *Proteine* (Eiweiße) und *Fette*. Sie werden als **Baustoffe** und **Energielieferanten** verwendet. Daneben sind aber auch die **Vitamine** und **Mineralstoffe** (Nährsalze, Spurenelemente) für unsere Körperfunktionen notwendig. Außerdem benötigen wir **Ballaststoffe,** die zwar unverdaulich sind, aber die Darmtätigkeit fördern. Nach der Empfehlung der Deutschen Gesellschaft für Ernährung (DGE) soll die gesunde Nahrung mindestens 60 % Kohlenhydrate und höchstens 20 % Eiweiße und 20 % Fette enthalten. Außerdem müssen wir täglich ungefähr 2 Liter **Wasser** aufnehmen, wobei ein Teil schon in der Nahrung enthalten ist.
Unterernährung ist bei uns heute selten. Gefahren für die Gesundheit entstehen durch **Überernährung** und **Fehlernährung** infolge einseitiger Nahrung. 30 bis 40 % der Herz-Kreislauf-Erkrankungen gehen auf falsche Ernährung zurück. Durch eine abwechslungsreiche Ernährung beugen wir Mangelerscheinungen vor. Viele *moderne Ernährungsgewohnheiten* schaden der Gesundheit. Oft schlingen wir hastig etwas hinunter, ohne es richtig zu kauen. Wer beim Fernsehen isst, beachtet weder Menge noch Zusammensetzung der Nahrung. Das gilt ebenso für das unkontrollierte Naschen bei Computerspielen oder Hausaufgaben.
Berufstätigkeit sowie lange Schul- und Fahrzeiten bewirken, dass Familienmitglieder einzeln ihre Portionen zubereiten und essen. *Fastfood* ist bequem und schnell fertig. Dabei geben wir aber die Kontrolle über Zubereitung und Inhaltsstoffe an die Industrie ab.

pro 100 Gramm	K (g)	E (g)	F (g)	En (kJ)
Hühnerfleisch	0	20	6	830
Schweinefleisch	0	20	13	1200
Milch	4,7	3,4	3,4	270
Vollkornbrot	46	8	2	960
Nudeln	69	14	1	1510
Äpfel	14	0,4	0	250
Blumenkohl	4	2,5	0	110
Schokolade	65	7	22	2100
Gummibärchen	80	12	0	1400
Schellfisch	0	18	0	330
Kartoffeln	18	2	0	310
Kartoffel-Chips	48	7	39	2250
Pommes frites	34	4	13	1100

2 Inhaltsstoffe von Nahrungsmitteln, *K = Kohlenhydrate, E = Eiweiße; F = Fette; (Rest = Wasser); En = Energie*

1. Besser fünf kleine als drei große Mahlzeiten!
Ein großes, fettreiches Mittagessen macht träge. Kleinere Mahlzeiten verteilen die Verdauung gleichmäßig. Zudem entsteht dann kein Heißhunger.
2. Abwechslungsreicher ernähren!
Je vielseitiger die Nahrung, desto ausgewogener ist sie und desto mehr Spaß macht essen.
3. Abwechslungsreich würzen statt salzen!
Salz erhöht den Blutdruck. Gewürze enthalten oft seltene Mineralstoffe. Würzen steigert den Essgenuss. – Vorsicht: In Fertigwürzen sind meist Geschmacksverstärker und appetitsteigernde Zusatzstoffe enthalten.
4. Zuckermenge reduzieren!
Vermindere beim Süßen von Woche zu Woche die Zuckermenge, trinke weniger süße Getränke und Speisen, ersetze Süßigkeiten durch Obst.
5. Fettmenge reduzieren!
Verzichte auf Butter oder Margarine unter fettreicher Wurst oder Käse, weiche auf fettarme Nahrungsmittel aus, streiche den Brotbelag etwas dünner, verzichte auf Sahne und Buttercreme.
6. Mehr Ballaststoffe essen!
Iss öfter Gemüse und Vollkornprodukte: Sie sättigen länger als andere Speisen, haben aber geringere Energiewerte.
7. Anders naschen und knabbern!
Wenn du auf Naschen und Knabbern nicht verzichten willst, nimm Obst und Rohkost. Vorteile: arm an Energie, reich an Vitaminen, Ballaststoffen, Mineralstoffen und Wasser.

1 Regeln für gesunde Ernährung

A1 Kartoffeln gelten als Dickmacher.
a) Überprüfe die Behauptung mithilfe der Tabelle.
b) Was gilt für Pommes frites und Chips?

A2 Vergleiche die folgenden Nahrungsmittel hinsichtlich ihres Gehalts an Nährstoffen, Energie, Vitaminen und Mineralstoffen. Benutze dazu die Tabelle und die Etiketten auf den Verpackungen.
a) Brotbeläge: Wurst, Käse, Nuss-Nougat-Creme, Marmelade.
b) Mahlzeiten „zwischendurch": Müsli-, Schokoriegel, Quarkspeise, Apfel, Banane.
c) Getränke: Mineralwasser, Milch, Fruchtsäfte, Cola, Limonade.

A3 Stelle drei gesunde Mahlzeiten (Frühstück, Mittag-, Abendessen) zusammen, die die Empfehlung der DGE berücksichtigen.

A4 Karies kostet jährlich 12 Milliarden € – die teuerste Krankheit in Deutschland! Stelle den Zusammenhang mit der Ernährung her.

A5 Informiere dich über die Funktion von Antioxidantien, Emulgatoren und Konservierungsstoffen.

A6 Suche in einer Tageszeitung nach Berichten über Nahrungsmittel und Ernährung. Welche Aussagen werden dort gemacht? Notiere weitere moderne Angewohnheiten im Zusammenhang mit Ernährung und bewerte sie.

A7 Welche Nachteile der „modernen" Ernährungsgewohnheiten kannst du vermeiden?

A8 Der Energiegehalt („Brennwert") von Kohlenhydraten beträgt 17 kJ/g, der von Fetten 40 kJ/g. Erkläre damit die Energiewerte in der Tabelle 2.

Exkurs

Nahrungsmittel können auch ungesund sein

Unsere Lebensmittel enthalten oft Stoffe, deren Auswirkungen noch wenig erforscht sind. Zum Haltbarmachen werden *Konservierungsstoffe* und *Antioxidationsstoffe* zugesetzt, Gewürze werden *radioaktiv bestrahlt.* Pilze enthalten oft beachtliche Mengen an *Schwermetallen.* Immer wieder gibt es Skandale um Fleisch mit *Antibiotika* oder *Hormonen,* die zum schnelleren Wachstum verfüttert werden. Obst und Gemüse können *Pestizide* enthalten. Ob *gentechnisch veränderte* Nahrung Allergien auslöst, ist wenig geklärt. Zu jeder Jahreszeit können wir jedes Obst und Gemüse kaufen. Deshalb muss die Ware, durch *Kühlung* und *Begasung* künstlich „frisch" gehalten, um die halbe Welt geflogen werden. Viele Ärzte sind der Meinung, dass die stark ansteigende Allergiehäufigkeit mit den unzähligen künstlich hergestellten Stoffen zusammenhängt, die wir mit der Nahrung aufnehmen.
Bei der industriellen Fertigung von *Fastfood* werden häufig billige Zutaten und zu viel Fett verwendet, um bei geringem Preis eine Sättigung zu erzielen. Zugesetzte *Geschmacksverstärker* wirken auch Appetit anregend. Damit die Nahrung appetitlicher aussieht, werden *Farb-* und *Aromastoffe* sowie *Emulgatoren* zugesetzt. Häufig sind diese künstlich hergestellt.
Statt jedes Essen nach seiner Eigenart zu würzen, verwendet man fertige *Würzmischungen,* die oft zu viel Salz enthalten.

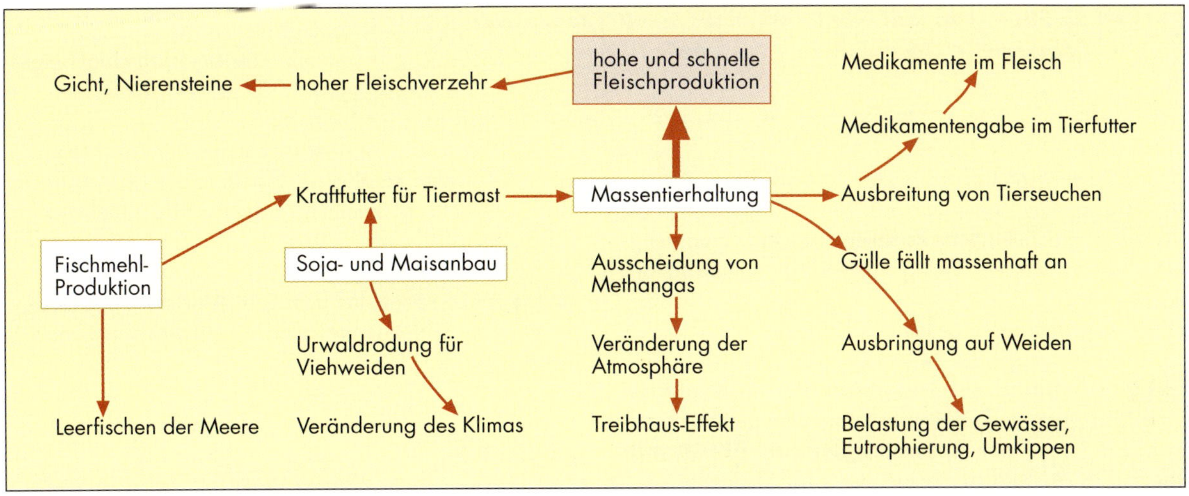

3 Folgen des hohen Fleischkonsums

A9 Max behauptet: „Rinder killen den Tropenwald.“ – „Und sie tragen zur Erwärmung der Erde bei“, sagt Anne. Prüfe beide Aussagen mithilfe der Abbildung 3.

A10 Es gibt zwei Methoden zu ermitteln, ob man über- oder untergewichtig ist:

- Errechnen des **„Normalgewichts“** *(physikalisch korrekt: „Masse“)*
  NG = Körpergröße (cm) – 100
- Errechnen des **BMI (Body Mass Index)**

$$BMI = \frac{Gewicht\ (kg)}{Größe\ (m)^2}$$

BMI-Werte von 20 bis 25 für Männer und 19 – 24 für Frauen gelten als normal, ab 30 als deutlich übergewichtig.

a) Errechne dein Normalgewicht und deinen BMI.
b) Vergleiche mit deinem Gewicht.

A11 Ein **Ernährungsprotokoll** trägt dazu bei, das eigene Essverhalten bewusst zu machen. Man schreibt alles auf, was man isst und trinkt, und notiert dazu die Begleitumstände.

2. Juli 2001

Zeit	Ort	Menge Nahrungsmittel	Situation	Begleitumstände
7.00	zu Hause	1 Schale Müsli 2 Tassen Tee	Frühstück	Eltern
9.40	in der Schule	2 Scheiben Brot mit Käse	Pause	Freunde
10.50	in der Schule	5-6 Kekse, 1 Dose Cola	Freistunde	Freunde
13.20	im Bus	2 Scheiben Brot mit Wurst	Hunger	doof, kurz vor dem Mittagessen
14.00	zu Hause, Küche	2 Glas Mineralwasser 1 Apfel	Mittagessen	allein, Mutter noch nicht da
14.40	zu Hause	1 Kotelett, Salat, 2 Kartoffeln	Mittagessen	Mutter
15.30	zu Hause, Schreibtisch	1/2 Tafel Schokolade, 1 Glas Milch	Hausaufgaben	Langeweile

a) Erstelle ein Ernährungsprotokoll für zwei Tage.
b) Werte es aus, indem du auf folgende Fragen eingehst: Was esse ich häufig, was zu selten? Ist meine Ernährung einseitig? Bei welchen Gelegenheiten esse ich unkontrolliert?
c) Beurteile dein Essverhalten.

A12 Abnehmen scheint so einfach zu sein, ist aber für viele Menschen ein Problem. Es kann auch gefährlich sein, z. B., wenn man **Appetitzügler** oder **Abführmittel** benutzt. Außerdem machen diese Medikamente abhängig! Erkundige dich in einer Apotheke nach Wirkung und Nebenwirkung dieser Medikamente.

A13 Zeitschriften empfehlen unzählig viele **Diäten** (Essprogramme), z. B.:

- alle Nahrung auf Molke-Basis
- „Trennkost“
- nur 4 belegte Brote pro Tag
- nur Kartoffeln und Eier oder nur Äpfel und Eier
- „1000 Kalorien“ pro Tag (4180 kJ)

a) Erkundige dich, was man bei diesen Diäten beachten muss.
b) Was hältst du von den genannten Diäten?
c) Suche in Zeitschriften weitere Diäten und beurteile sie.

A14 Über 90 % der Menschen nehmen nach einer Diät ihre alten Essgewohnheiten wieder auf, d. h., diese Diäten sind meist erfolglos. Woran liegt das? Von Menschen, die eine Diät machen, hört man oft:

- Ich bin zu dick!
- Ich bin machtlos und gebe auf.
- Ich muss schnell abnehmen.
- Ich nehme wieder zu.
- Ich esse fast nichts.
- Der Verzicht stresst. Ich hole alles nach.
- Ich denke ständig ans Essen.

Ordne die Aussagen zum „Teufelskreis der Diäten“.

A15 Wichtiger als „Kalorienzählen“ ist meist, folgende Ratschläge zu beachten:

- Beschäftige dich mit deinem Essverhalten.
- Plane selbst, was du isst.
- Iss abwechslungsreich.
- Iss mit Genuss, aber weniger und langsamer.
- Kaue gründlich.
- Iss mehr naturbelassene Nahrungsmittel, weniger Fertigkost.
- Treibe Sport.

a) Begründe jeden der Ratschläge.
b) Finde weitere Ratschläge, die dazu beitragen können, dass du nicht stark zunimmst bzw. dass du abnehmen kannst.

A16 Was könnte mit dem Satz „Wir essen uns krank.“ gemeint sein? Nenne verschiedene Möglichkeiten und begründe.

Nährstoffe

V1 Stärkenachweis (LUGOLsche Probe)

Material: abwaschbare Unterlage, Reagenzglas, Stärkelösung, LUGOLsche Lösung (Iod in Kaliumiodid-Lösung), Tropfpipette
Durchführung: Tropfe zur Stärkelösung im Reagenzglas einen Tropfen LUGOLsche Lösung.
Aufgabe: Notiere die Farbveränderung.

V2 Zuckernachweis (FEHLINGsche Probe)

Material: 2 Reagenzgläser, Reagenzglasklammer, Wasserbad mit kochendem Wasser, Zucker (Traubenzucker), Lösungen FEHLING I und II (stark ätzend, Schutzbrille!), Tropfpipetten
Durchführung: Mische je 5 Tropfen der Lösungen FEHLING I und FEHLING II im Reagenzglas. Löse im anderen Reagenzglas wenig Zucker in Wasser und gib davon etwas zur FEHLINGlösung. Halte das Reagenzglas mit der Reagenzglasklammer mehrere Minuten lang ins Wasserbad. Kontrolliere mehrfach, ob sich die Farbe ändert. (Achtung: FEHLINGlösung nie in der Flamme erhitzen: Spritzgefahr!)
Aufgabe: Beschreibe alle Farbänderungen.

V3 Fettnachweis (Fettfleckprobe)

Material: Papier (am besten Pergament- oder Löschpapier), Fett (Butter, Margarine, Pflanzenöl)
Durchführung: Streiche wenig Fett, einen Tropfen Öl und einen Tropfen Wasser auf Papier. Schwenke das Papier in der Luft hin und her.
Aufgabe: Beobachte nach einigen Minuten.

V4 Fettnachweis (Sudan-Probe)

Material: Reagenzglas, Gummistopfen, Sudan-III-Lösung, Fett (Butter, Margarine, Pflanzenöl)
Durchführung: Gib etwas Wasser, Sudan-III-Lösung und wenig Fett ins Reagenzglas. Verschließe es mit dem Stopfen und schüttle kräftig.
Aufgabe: Notiere die Beobachtungen.

V5 Proteinnachweis (Biuret-Reaktion)

Material: Reagenzgläser, Eiweißlösung, Kupfersulfatlösung oder FEHLING I, Natronlauge oder FEHLING II, Tropfpipette
Durchführung: Gib zur Eiweißlösung etwas Natronlauge (oder FEHLING II) und 1–2 Tropfen Kupfersulfatlösung (oder FEHLING I) und schüttle jeweils.
Aufgabe: Notiere die Farbänderung.

V6 Nachweise in Nahrungsmitteln

Material: verschiedene Nahrungsmittel, Messer, Mörser und Pistill, Spatel, Trichter und Filtrierpapier
Durchführung: Zerkleinere Nahrungsmittel und prüfe sie oder ihre Lösungen auf Nährstoffe. Notiere die Beobachtungen.
Aufgabe: Lege eine Tabelle an. Kreuze an, welche Nährstoffe du in den Nahrungsmitteln nachweisen konntest.

V7 Modellexperiment zum „Brennwert"

Material: Erdnuss, Knäckebrot, Waage, Reagenzgläser, Reagenzglasklammer, Thermometer
Durchführung: Lege eine Erdnuss und ein gleich schweres Stück Knäckebrot auf ein Drahtnetz und entzünde sie. Erhitze in der Flamme je ein Reagenzglas mit 5 ml Wasser. Miss die Wassertemperatur vor und nach dem Versuch.
Aufgabe: Errechne die Temperaturdifferenzen und vergleiche. Mache Aussagen über die Inhaltsstoffe.

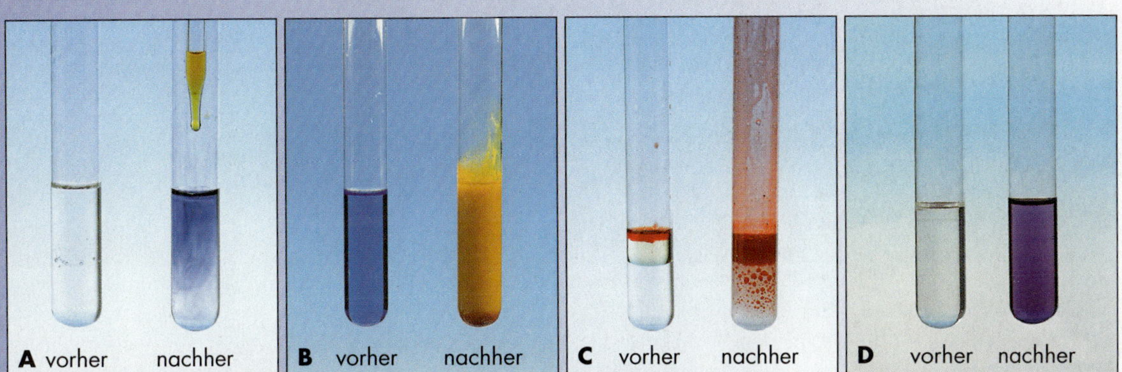

1 Nährstoffnachweise. A *Stärke;* **B** *Zucker;* **C** *Fett;* **D** *Protein*

2 Gesund durch Sport

Fitnessstudios finden großen Zulauf. Zu jeder Tageszeit joggen Erwachsene jeden Alters durch die Parks. Unzählige Jugendliche sind Mitglieder in Sportvereinen. Sport ist „in".
Aber Sport ist mehr als eine Modeerscheinung. Er hat eine wichtige *soziale Funktion.* Sportvereine leisten Integrationsarbeit. Man lernt andere kennen und akzeptieren. Im Verein ordnet man sich ein, lernt Regeln einzuhalten, übt demokratische Verhaltensweisen. In der Mannschaft herrschen Regeln, die man beachten muss, aber auch beeinflussen kann. Auch für die *seelische Entwicklung* ist Sport hilfreich: Man lernt mit Erfolgen umzugehen, Niederlagen zu verkraften, sich mit anderen zu freuen, ihnen zu helfen.
Nach sportlichen Anstrengungen ist man erschöpft. Trotzdem fühlt man sich oft ausgeglichen oder sogar glücklich. Das liegt an der Bildung von *Endorphinen* im Gehirn. Diese körpereigenen Opiate erzeugen Wohlbefinden und Glücksgefühle.

Das Hauptargument für sportliche Betätigung ist die **körperliche Fitness.** Zusammen mit der gesteigerten Leistungsfähigkeit des Herz-Kreislauf-Systems bringt sie bessere Entspannung und erholsameren Schlaf. Sport schützt nicht nur vor schlechter Körperhaltung, sondern beugt fast allen *Zivilisationskrankheiten* vor: Herzinfarkt, Bluthochdruck, Übergewicht, Kreislauf- oder Verdauungsstörungen. Sport an der frischen Luft bringt den Lungen eine „Sauerstoffdusche". Ihre Fähigkeit zur Sauerstoffaufnahme steigt.
Wer zu wenig Zeit für Sport hat, kann auch im „Alltag" trainieren: Treppen steigen statt den Aufzug benutzen, kurze Wege zu Fuß gehen, mittlere Wege mit dem Fahrrad statt mit dem Auto oder dem Bus fahren, die Fernbedienung seltener verwenden, nach längerem Sitzen kleine Dehn- und Ausgleichsübungen für die Wirbelsäule machen, stundenlange Computersitzungen regelmäßig unterbrechen und sich bewegen.
Sport kann aber auch schädlich sein: Wer seine Muskeln nicht „aufwärmt" oder sich als Ungeübter überschätzt, riskiert Schäden an Gelenken, Sehnen oder am Kreislaufsystem. Für gefährliche Sportarten sind spezielle Schutzeinrichtungen wie Helme oder Knieschoner notwendig.

A1 Stelle in einer Tabelle dar, für welche Sportarten bestimmte Argumente besonders zutreffen.

A2 Finde weitere Argumente, die für sportliche Betätigung sprechen.

A3 Sport kann auch ungesund sein, vor allem bestimmte Sportarten. Nenne Beispiele. Wie kann man sich gegen diese Risiken schützen?

1 Medizinische Argumente für sportliche Betätigung

Diskussionsrunde: Sport gegen Herzinfarkt

Projekt

Planung: Die Klasse bildet Gruppen, die jeweils eine der nachfolgenden Aufgaben bearbeiten. Dazu lesen alle den unten stehenden Informationstext sowie das Schema und werten dies für ihr Thema aus. Die Gruppen stellen nacheinander ihre Ergebnisse vor. Anschließend entwickeln alle Schülerinnen und Schüler Vorschläge für eine gesunde Lebensweise.

1. Nennt konkrete Situationen im Alltag (Schule, Haushalt, Beruf, Freizeit), bei denen mehrere Risikofaktoren gleichzeitig zusammenwirken.
2. Einige Risikofaktoren verstärken die Wirkung von anderen Risikofaktoren. Stellt die Ursache-Wirkungs-Beziehungen in einem übersichtlichen Kausalschema (Pfeildiagramm, wie unten) dar und begründet.
3. Nennt Argumente, mit denen Jugendliche oder Erwachsene den Gebrauch von Koffein oder Nikotin, übermäßige oder einseitige Ernährung und Vermeidung unnötiger Bewegung verteidigen.
4. Untersucht bei jedem Argument für sportliche Betätigung (S. 10), ob und wie es einem Risikofaktor entgegen wirkt.

Formuliert anschließend konkrete Vorschläge für Verhaltensweisen, die Infarkt verhindernd wirken. Diskutiert, ob die Forderungen realistisch sind. Stellt sie auf einem Poster anschaulich dar.

Entstehung von Infarkten. Erkrankungen des Kreislaufsystems sind in Deutschland die mit Abstand häufigste Todesursache. Ungefähr jeder Zweite stirbt daran – doppelt so viele, wie an Krebs sterben, zwanzig mal so viele, wie nach Unfällen sterben. **Herzinfarkt** und **Schlaganfall** sind dabei die wichtigsten Erkrankungen. Sie entstehen, wenn Teile des Herzmuskels bzw. des Gehirns nicht mehr durchblutet werden, weil Arterien verstopft sind. Zum **Gefäßverschluss** kommt es, wenn in stark verengten Arterien ein kleines Blutgerinnsel hängen bleibt und das Blut staut. Dies kann zwei Ursachen haben: In der durch **Bluthochdruck** verhärteten, unelastischen Aderwand (so genannte **Arteriosklerose**) entstehen kleine Risse und Narben, an denen sich Blutgerinnsel bilden oder festsetzen. Außerdem lagern sich Fett (Cholesterin) und Kalk an der Innenwand der Ader ab. Die Verengung ist ein Vorgang, der Jahre dauert, der Verschluss kommt plötzlich. Wird er nicht sofort behandelt, endet er oft tödlich.

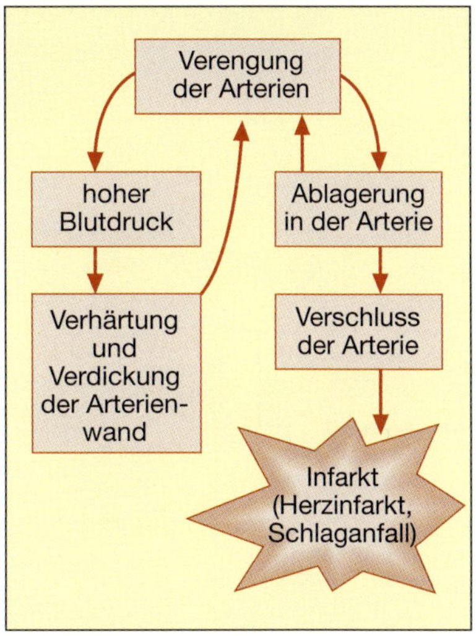

Überernährung
Zu viele Fette gelangen ins Blut.

Bewegungsmangel
Kein Abbau von Fetten zur Energieerzeugung.

Dauerstress
Fettreserven aus den Zellen werden ans Blut abgegeben.

Nikotin
Die Arterien werden enger gestellt. Erhöhung des Blutdrucks.

Koffein
Pulsbeschleunigung und Erhöhung des Blutdrucks.

1 Risikofaktoren für die Entstehung von Herz-Kreislauf-Erkrankungen

1 Stresssituation

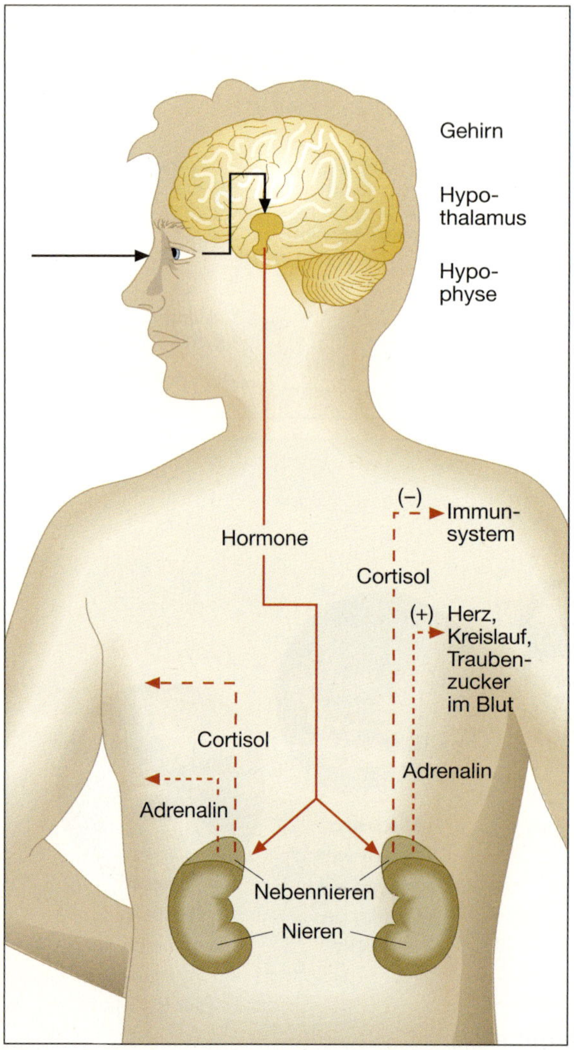

2 Hormone bei der Stressreaktion

3 Stress und seine Bewältigung

1. Was ist Stress?

Der Postbote hat die Haustür des Einfamilienhauses fast erreicht, da stürzt mit lautem Gebell ein ausgewachsener Hund um die Hausecke herum auf ihn zu. Der Postbote erstarrt, sein Herz schlägt schneller, sein Blutdruck steigt, er atmet schneller. Genauere Untersuchungen würden zeigen, dass seine Muskulatur verstärkt durchblutet wird und dadurch mehr Traubenzucker und Sauerstoff erhält. In einer solchen **Stresssituation** ist der Körper in der Lage, in kürzester Zeit Höchstleistungen zu vollbringen. Der Postbote könnte weglaufen oder dem Hund energisch entgegen treten. Man bezeichnet die beschriebenen körperlichen Veränderungen bei einer plötzlich auftretenden Belastung als *Fight-or-Flight-Syndrom.* Die mit der Stresssituation verbundene Belastung nennt man **Stress.** Stress wird durch **Stressoren** (Stressfaktoren) ausgelöst. In diesem Fall war der Anblick des Hundes Stressor. Aber auch Hitze, eisige Kälte, Lärm, Sauerstoff- oder Platzmangel können Stressoren sein. In jedem Falle lösen Stressoren eine unspezifische Stressreaktion aus. Unspezifisch bedeutet, dass die Reaktion immer in der gleichen Weise erfolgt, unabhängig von der Art des Stressors: Lärm, starke Hitze oder die Bedrohung durch einen bellenden Hund rufen die oben beschriebenen Stressreaktionen hervor.

Wie kommt es zu den Stressreaktionen? Eine Situation wird von einem bestimmten Teil des Gehirns als schwerwiegend und belastend eingestuft. Über Nervenbahnen werden andere Bereiche des Gehirns aktiviert, wie z. B. der Hypothalamus und die Hypophyse. Von dort wird die Ausschüttung bestimmter **Hormone** angeregt. Hormone sind vom Körper in kleinen Mengen hergestellte Stoffe, die über das Blut verteilt werden und ganz spezifische Wirkungen auf Organe ausüben. In einer Stresssituation werden von der Nebenniere, einer Hormondrüse, die Hormone *Adrenalin* und *Cortisol* in das Blut abgegeben. Adrenalin aktiviert das Herz-Kreislauf-System und sorgt dafür, dass das Blut mit Traubenzucker versorgt wird. Cortisol wirkt sich hemmend auf das Immunsystem aus. In einer Belastungssituation, auf die der „Gestresste" mit Angriff oder Flucht reagiert, sind diese Stressaktionen sinnvoll: Der Betroffene kann in Sekundenschnelle eine körperliche Höchstleistung vollbringen. Die meisten Stresssituationen in unserem Leben (Termindruck, bevorstehende Leistungsprüfung, Ärger mit der Freundin bzw. dem Freund u. a.) führen zwar zu den typischen Stressreaktionen, jedoch nicht zu Kampf und Flucht. Der Körper wird also auf eine Höchstleistung vorberei-

Stress – durch Zufall entdeckt

Exkurs

In den dreißiger Jahren begann der junge Mediziner H. SELYE mit seinen Untersuchungen über die Wirkung von Hormonen. Er wusste nur nicht so recht, mit welchem Untersuchungsobjekt er anfangen sollte. Da hörte er von einem Biologen, der aus Eierstöcken von Ratten eine Flüssigkeit gewonnen hatte. Mit dieser Flüssigkeit wollte er die Wirkung weiblicher Sexualhormone auf andere Ratten untersuchen. SELYE ließ sich einen Teil dieser Flüssigkeit geben und plante eine eigene Untersuchung. Dazu wollte er Ratten täglich eine bestimmte Menge einspritzen. Dabei stellte er sich etwas ungeschickt an. Wiederholt entwischten ihm Ratten. SELYE verbrachte viel Zeit damit, den entwischten Ratten im Labor nachzujagen und sie wieder einzufangen. Solche Pannen wiederholten sich, aber letztlich erhielten alle Versuchstiere die geplante Menge der Flüssigkeit. Nach einer bestimmten Zeit untersuchte SELYE die Tiere. Das Untersuchungsergebnis war überraschend: Die meisten Ratten hatten Magengeschwüre und stark vergrößerte Nebennieren, ihr Immunsystem war stark verkümmert. Zunächst war SELYE geneigt, diese Wirkungen auf die verabreichte Flüssigkeit zurückzuführen. Ganz sicher war er sich seiner Sache jedoch nicht. SELYE untersuchte nun gleichzeitig eine Kontrollgruppe. Den Tieren dieser Gruppe spritzte er täglich statt des Eierstockauszugs eine Salzlösung. Auch diese Ratten entwischten ihm, wurden gejagt und wieder eingefangen und nach einer bestimmten Zeit untersucht. Wider Erwarten hatten sie ebenso häufig Magengeschwüre, vergrößerte Nebennieren und eine Rückbildung des Immunsystems. SELYE war klar, dass die beobachteten Veränderungen nicht auf die injizierte Hormonflüssigkeit zurückzuführen waren, denn der Kontrollgruppe waren keine Hormone verabreicht worden. Die Veränderungen mussten auf etwas zurückgehen, was beide Rattengruppen erlebt hatten. SELYE überlegte: Beide Gruppen hatten täglich Injektionen über sich ergehen lassen müssen, waren wiederholt entwischt und wieder eingefangen worden. Vielleicht hatten sie auf diese außergewöhnlichen Belastungen mit den beobachteten Veränderungen reagiert. SELYE setzte weitere Ratten ebenfalls außergewöhnlichen Belastungen aus. Einige ließ er in strenger Kälte frieren, andere mussten im Heizkeller große Hitze ertragen. Auch sie zeigten Magengeschwüre, eine Vergrößerung der Nebenniere und eine Rückbildung des Immunsystems. SELYE nannte die außergewöhnlichen Belastungen, auf die die Ratten mit unspezifischen Veränderungen reagierten, **Stress.**

tet, die nicht abverlangt wird. Wenn sich dies oft wiederholt, sind krankhafte körperliche Veränderungen nicht auszuschließen. „Stress macht krank". Besonders häufig kommt es zu Erkrankungen des Herz-Kreislauf-Systems: Bluthochdruck, Schädigungen der Blutgefäße und des Herzens, Herzinfarkt, Schlaganfall. Dies ist besonders dann zu erwarten, wenn zur Stresssituation weitere schädigende Faktoren hinzukommen, z. B. Alkoholmissbrauch, Übergewicht, Bewegungsarmut, salzreiche Ernährung, Rauchen.
Doch selten kommt es gleich zum Ausbruch typischer stressbedingter Krankheiten. Zunächst treten bestimmte Kennzeichen auf, die auf eine länger anhaltende Stressbelastung hinweisen. Bei einigen sind es Kopfschmerzen, Konzentrationsschwäche oder Schweißausbrüche, bei anderen Schwindelgefühle, Atembeschwerden oder Gewichtsverlust. Jedes dieser Symptome kann auch auf andere Ursachen als Stress zurückzuführen sein. Ob es sich um Stresssymptome handelt, kann im Gespräch mit einem Arzt geklärt werden.

A1 Warum bezeichnet man die körperlichen Veränderungen in einer Stresssituation als Fight-or-flight-Syndrom?

A2 Die Stressreaktion ist auch Tieren angeboren. Erläutere ihre biologische Bedeutung.

A3 Schlage die Bedeutung des Wortes Stress nach.

A4 Äußere dich zu der Art und Weise, wie SELYE mit den Ratten experimentierte.

A5 Nenne Hormone, die in einer Stresssituation ausgeschüttet werden.

A6 Nenne die einzelnen Schritte beim Zustandekommen einer Stressreaktion. Beginne mit: „1. Mensch sieht aggressiven Hund auf sich zukommen; 2. ..."

A7 Nenne Erkrankungen, die auf eine längerfristige Belastung durch Stress zurückzuführen sind.

A8 Gelegentlichen Stress mit Erholungsphasen bezeichnet man als *Eustress* („guter" Stress). Von *Distress („schlechter" Stress)* spricht man, wenn ständig aufeinanderfolgende, kurze Belastungszustände zum Dauerstress werden. Äußere dich kritisch zu der Unterscheidung von Eustress und Distress.

Typ A	Typ B	Typ C
„Adrenalin-Typ" **„Infarkt-Persönlichkeit"**		**„Cortisol-Typ"** **„Krebs-Persönlichkeit"**
aktiv ehrgeizig aggressiv ungeduldig feindselig	ruhig entspannt selbstsicher beherrscht gelassen	passiv verunsichert ängstlich depressiv hilflos
höheres Risiko für Herz-Kreislauf-Erkrankungen	geringeres Risiko	höheres Risiko für Infektionskrankheiten und Krebs

1 Persönlichkeitstyp und Krankheitsrisiko

2. Persönlichkeitstyp und Stressbewältigung

Britta und Benjamin erbringen wiederholt schlechte Leistungen in Geschichte, beiden droht eine Fünf im Halbjahreszeugnis. Benjamin leidet darunter, er ist verzweifelt. Wiederholt wacht er nachts mit Herzklopfen und schweißgebadet auf, beim Frühstück bringt er keinen Bissen herunter. Ganz anders Britta. Sie ist zuversichtlich. Beide, Britta und Benjamin, stehen also in einer vergleichbaren Situation, empfinden diese jedoch als unterschiedlich belastend. Sie unterscheiden sich also in der *Bewertung der Situation.* Benjamin empfindet die Situation als nicht behebbaren Schaden. Britta dagegen glaubt, dass sie die Situation bewältigen kann.

Beide unterscheiden sich zudem in der *Bewertung der eigenen Möglichkeiten.* Benjamin glaubt nicht, dass er aus eigener Kraft eine Vier erreichen kann. Britta ist in dieser Sache viel optimistischer, hat sie es doch schon einmal geschafft, aus einer Fünf eine Vier zu machen.

Bei der *Neubewertung der Situation* kommen sie zu unterschiedlichen Ergebnissen. Benjamin: „Dieser Notenstress macht mich kaputt." Britta: „Das Problem bekomme ich in den Griff." Für beide gilt: *Stress spielt sich im Kopf ab.*

Doch wie kann man mit Stress fertig werden, wie kann man ihn bewältigen? Unter *Stressbewältigung* versteht man alle Anstrengungen, die ein Mensch unternimmt, um mit einer Stresssituation fertig zu werden. Es gibt kein für alle Situationen und alle Menschen geeignetes Patentrezept. Grundsätzlich unterscheidet man zwischen zwei Möglichkeiten. Die *problemorientierte Stressbewältigung* umfasst alle Bemühungen, die stressauslösende Situation zu beseitigen bzw. zu vermindern. So könnten Britta und Benjamin

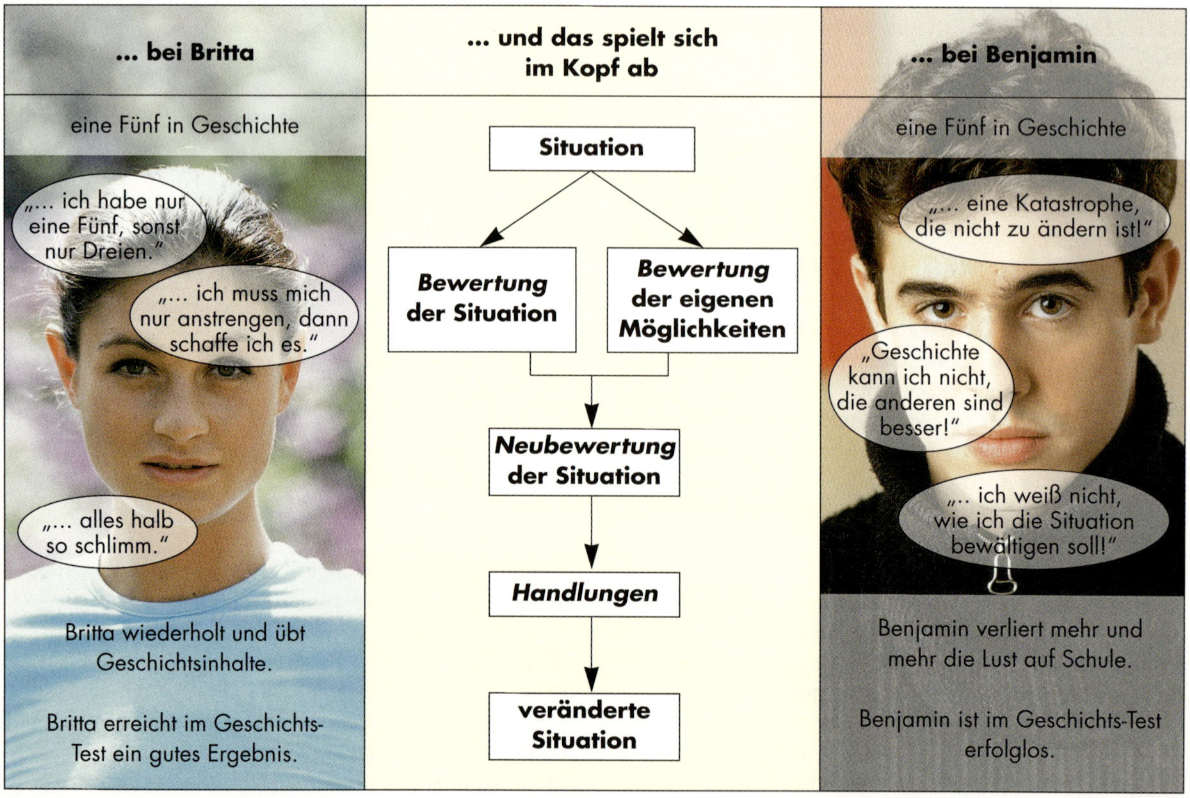

2 Stress spielt sich im Kopf ab

- ❑ Wenn ich um etwas gebeten werde, kann ich sehr schlecht „nein" sagen.
- ❑ Ich nehme mir immer zu viel vor.
- ❑ Ich vergesse oft die Zeit und gerate dann unter Druck.
- ❑ Ich sage oft nicht, was ich denke und ärgere mich dann.
- ❑ Ich setze mich ein, wenn jemand benachteiligt wird.
- ❑ Alles, was ich tue, muss hundertprozentig sein.
- ❑ Ich mache lieber schnell alles selbst, bevor ich lange darüber rede.
- ❑ Wenn etwas auf mich zukommt, denke ich, das geht schief.
- ❑ Ich habe keine Lust, mich vorher mit Aufgaben zu beschäftigen. Wenn ich mittendrin bin, werde ich schon irgendwie durchkommen.
- ❑ Ich tue vieles, damit andere sich daran ein Beispiel nehmen.
- ❑ Ich weiß, was für andere gut ist und möchte, dass sie sich danach richten.
- ❑ Ich kann es nicht ertragen, wenn es Streit gibt und versuche, sofort zu schlichten.
- ❑ Ich lasse mich gerne treiben.
- ❑ Bei neuen Dingen bin ich grundsätzlich erst mal misstrauisch und will beim Alten bleiben.
- ❑ Ich verhalte mich so, dass niemand etwas an mir auszusetzen hat.
- ❑ Ich finde, dass ich ein schwereres Leben habe als andere.
- ❑ Ich kann oft nicht zwischen wichtig und unwichtig unterscheiden und will alles gleichzeitig tun.
- ❑ Wenn ich etwas nicht mitbekommen habe, traue ich mich nicht nachzufragen, um nicht blöde zu erscheinen.
- ❑ Ich löse gerne die Probleme anderer, statt mich auf meine eigenen zu konzentrieren.

3 Stress – was ich dazu beitrage. *0 – 5: o.k.; 6 – 10: ich trage zur Stressbildung bei; 11 – 19: ich bin mein Hauptstressfaktor*

die drohende Fünf in Geschichte durch vermehrte Anstrengungen oder durch Nachhilfe aus der Welt schaffen. Die *emotionsorientierte Stressbewältigung* zielt darauf ab, die mit einer Stresssituation verbundenen Gefühle, Erregungszustände und körperlichen Reaktionen zu verändern. So könnte Benjamin mit Britta sprechen und so Zuversicht gewinnen und seine Angst abbauen. Körperliche Reaktionen wie Schweißausbrüche oder Verspannungen der Muskulatur lassen sich durch Konzentrationsübungen wie *Autogenes Training* oder *Yoga* positiv beeinflussen. Diese Übungen können auch die Gefühlslage verbessern.

Was als Stress belastet, spielt sich also im Kopf ab. Deshalb darf man bei der Stressbewältigung nicht auf die bewusste Auseinandersetzung mit der Stresssituation verzichten. Unwirksam sind daher Methoden, die eine Flucht vor dem Problem empfehlen, wie z. B. Alkohol-, Drogen- oder Medikamentenkonsum. Nach dem Abklingen ihrer Wirkung ist der Betroffene unverändert mit der stressbelasteten Situation konfrontiert. Auch wirklichkeitsferne Wunschfantasien („Vielleicht bekomme ich im nächsten Halbjahr einen neuen Geschichtslehrer."), zerstörerische Selbstbeschuldigungen („Ich bin an allem schuld.") helfen nicht weiter.

Ob ein Mensch aufgrund länger anhaltender Stressbelastung erkrankt, hängt u. a. auch von seinem Persönlichkeitstyp ab. Der „Adrenalin-Typ" ist ehrgeizig, aktiv, ungeduldig und aggressiv. In einer Stresssituation wird bei ihm bevorzugt das Hormon Adrenalin ausgeschüttet. Er hat ein höheres Risiko für Herz-Kreislauferkrankungen. Andere Persönlichkeitstypen sind durch andere Eigenschaften und andere Risiken für bestimmte Krankheiten gekennzeichnet (s. Abb. 1). Sicher sind für solche Unterschiede Erbanlagen mit verantwortlich.

A1 Nenne die beiden grundsätzlichen Möglichkeiten, Stress zu bewältigen.

A2 Informiere dich beim Gesundheitsamt oder bei einem Arzt über Autogenes Training und über Yoga.

A3 Du leidest unter der Belastung, dass Mitschüler oder -schülerinnen häufig über dich lachen. Entwickle einen Plan, diese Stressbelastung zu vermindern.

A4 „Ich denke einfach nicht daran." Äußere dich zu dieser Art der Stressbewältigung.

A5 Du hast Stress mit deiner Freundin bzw. deinem Freund. Nenne Möglichkeiten, damit fertigzuwerden.

Die Aufgabenzettel sind ausgeteilt, du hast deinen überflogen und bekommst Angst: „Ich kann die Aufgaben nicht lösen, alles ist wie weggeblasen ..." Beruhige dich, indem du dir die **Fünf-Punkte-Regel** aufsagst:

1. Ich habe mich gründlich vorbereitet.
2. Ich weiß nicht alles, aber ich habe gut gelernt und weiß daher einiges. Davon wird etwas in der Arbeit vorkommen.
3. Eine Aufgabe, die ich nicht lösen kann, übergehe ich. Vielleicht gelingt mit die Lösung später.
4. Ich mache in Abständen kurze Pausen, atme tief durch und mache mich dann an die nächste Aufgabe.
5. Für einen ganz kurzen Augenblick denke ich an Dinge, über die ich mich freue.

4 Stress vor einer Klassenarbeit – kein Problem

Exkurs

Tupajas – ein Tiermodell für die Stressforschung

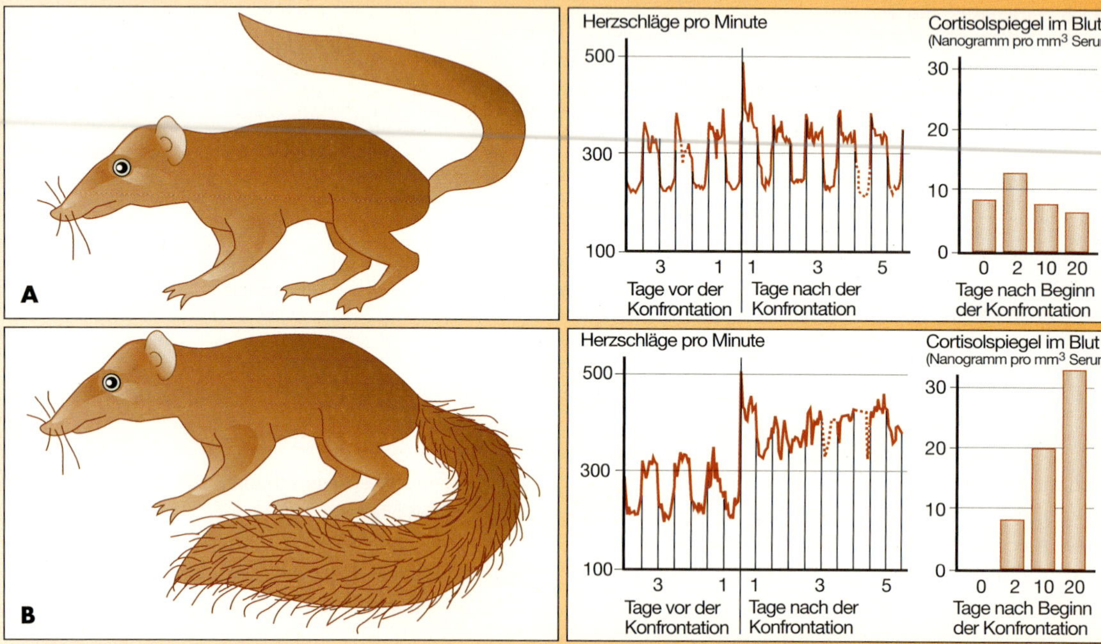

1 Tupaja. ***A*** *Tier ohne Stress;* ***B*** *Tier im Stress*

Tupajas, die auch Spitzhörnchen genannt werden, sind eichhörnchengroß. Sie sind tagaktiv und leben auf Bäumen. Man findet sie in ganz Südostasien. In der Natur leben sie paarweise in Revieren, die sie gegen Artgenossen heftig verteidigen. Auch im Labor kann man sie langfristig nur paarweise halten. Setzt man zu einem solchen Paar ein fremdes Männchen, beginnen die beiden Männchen sofort miteinander zu kämpfen. Meistens wird der Eindringling unterworfen. Das siegreiche Männchen lässt dann von dem Eindringling ab und beachtet ihn kaum. Das unterlegene Tier jedoch verkriecht sich in einem Versteck, das es nur kurzzeitig zum hastigen Fressen und Trinken verlässt. Auch an den folgenden Tagen greifen sich die beiden Tiere kaum an. Das unterlegene Tier verliert laufend an Gewicht, wird apathisch und stirbt schließlich.

Wie sind das unterschiedliche Verhalten und die unterschiedliche weitere Entwicklung der beiden Tupaja-Männchen zu erklären? Untersuchungen geben darüber Aufschluss. Kurz nach dem Zusammentreffen steigen bei beiden Männchen die Herzfrequenz, der Blutdruck und die Atemfrequenz an. Auch die Konzentration des Hormons Cortisol nimmt zunächst bei beiden Männchen zu. Das sind typische *Stressreaktionen*. Das rivalisierende Männchen wird als *Stressfaktor* empfunden, man spricht folglich von *sozialem Stress*. In den nachfolgenden Tagen allerdings unterscheiden sich die beiden Männchen in ihren Werten. Das überlegene Männchen zeigt wieder normale Werte, beim unterlegenen Männchen dagegen steigen z. B. die Herzfrequenz und die Cortisolwerte weiter an.

Der innere Zustand von Tupajas lässt sich gut anhand eines äußeren Merkmals erkennen. Wenn sie stressbelastet sind, richten sie ihre Schwanzhaare auf (Schwanzsträubereaktion).

A1 a) Beschreibe die Stressreaktionen bei beiden Tupajamännchen vor und nach dem Kampf (Abb. A und B).
b) Erkläre die Unterschiede.

A2 Nimm Stellung zu den beschriebenen Experimenten mit Tupajas aus Sicht des Tierschutzes.

A3 a) Nach dem Kampf werden die Männchen durch eine undurchsichtige Wand getrennt. Wie wird es dem Unterlegenen ergehen?
b) Welches Ergebnis erwartest du für den Fall, dass die Männchen durch ein Gitter getrennt werden?

Stress bei Pflanzen

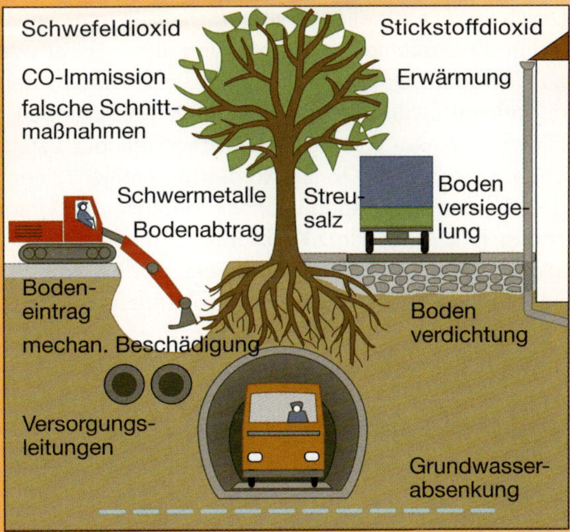

1 Stress für einen Straßenbaum

Auf den ersten Blick gleichen sich die Kastanien an der Hauptverkehrsstraße und die gleich alten Kastanien im verkehrsfernen Stadtpark. Doch bei genauerem Hinsehen fällt auf, dass die Bäume an der Hauptverkehrsstraße einen geringeren Stammdurchmesser, eine weniger entwickelte Krone, abgestorbene Äste, Verletzungen der Rinde und schon teilweise verfärbte oder gar vertrocknete Blätter haben. Der Durchmesser des Wurzelbereichs ist deutlich kleiner als der der Krone. Bei den Parkbäumen sind beide Durchmesser etwa gleich groß. Die Jahresringe der Straßenbäume sind deutlich schmaler als die der Parkbäume. Somit ist ihr jährlicher Holzzuwachs geringer. Wie sind diese Unterschiede zu erklären?

Physikalische Stressoren	**Chemische Stressoren**	**Biotische Stressoren**
Lichtmangel/-überschuss UV-Strahlung Ionisierende Strahlung Hitze/Kälte Feuer Wind Bodenbewegung Verschüttung	Trockenheit Überflutung Mineralstoffmangel/-überschuss hohe/niedrige Salzkonzentrationen niedrige/hohe Protonenkonzentrationen Schwermetalle Luftschadstoffe	Konkurrenz in Pflanzengemeinschaften Verbiss Tritt und Mahd Insektenbefall Pilz-, Bakterien- und Virusbefall

2 Stressfaktoren für Pflanzen

Man führt die beschriebenen Symptome bei Straßenbäumen auf **Stress** zurück. Vielfältige **Stressfaktoren** wirken auf die Bäume am Straßenrand ein: Bodenversiegelung und -verdichtung, Streusalz, Abgase des Straßenverkehrs, Schwermetalle u. a. Diese Faktoren können verschiedene Stressreaktionen hervorrufen, so z. B. das vorzeitige Abwerfen von Blättern, oder sie vermindern das Wachstum der Bäume. Durch die Bodenversiegelung und -verdichtung wird die Ausbildung des Wurzelwerks beeinträchtigt, Niederschläge laufen oberirdisch ab und fehlen somit im Boden bzw. Wurzelbereich. Der Sauerstoffgehalt des Bodens nimmt ab. Auf Sauerstoff angewiesene Lebensvorgänge wie die Zellatmung oder die Aufnahme von Mineralstoffen laufen langsamer ab. Die Bäume nehmen weniger Wasser und Mineralstoffe auf, geben aber gleichzeitig durch Verdunstung über die Blätter viel Wasser ab. Es kommt zu einem akuten Wassermangel, man spricht auch von *Dürrestress.* Die Bildung neuer Zellen und ihr Wachstum werden gebremst. Die Bäume haben einen geringeren Holzzuwachs, kümmern oder sterben eventuell ab.
Auch bei Pflanzen erfolgt die Koordinierung der Stressreaktionen durch Hormone. Solche Pflanzenhormone sind z. B. *Abscisinsäure* und das Gas *Ethen.* Sobald Pflanzen einem Stressfaktor wie z. B. Wassermangel ausgesetzt sind, werden diese Hormone hergestellt und in der Pflanze verteilt. Die Abscisinsäure bewirkt u. a. die Verringerung der Spaltöffnungsweite und die Erhöhung der Aufnahmefähigkeit der Wurzeln für Wasser. Ethen begünstigt den vorzeitigen Blattabwurf.
Nicht alle Stressfaktoren haben nur beeinträchtigende Wirkungen auf Pflanzen. Einige Stressfaktoren begünstigen bzw. ermöglichen lebenswichtige Vorgänge von Pflanzen. So beginnen viele Samen erst dann zu keimen, wenn sie zuvor großer Kälte ausgesetzt waren. Laubabwerfende Obstbäume müssen niedrigen Temperaturen ausgesetzt gewesen sein, bevor sie neue Blütenknospen ausbilden.

A1 Vergleiche Bäume an verkehrsreichen Straßen mit Bäumen gleicher Art in einem Park oder Wald.

A2 Nenne Stressfaktoren, denen Zimmerpflanzen ausgesetzt sind.

A3 Erläutere, warum ein Baum Probleme bekommt, wenn der Wurzelbereich im Vergleich zum Kronenbereich zu gering entwickelt ist.

A4 Erläutere, inwiefern die Ausschüttung von Ethen einem Baum hilft, Dürrestress besser zu ertragen.

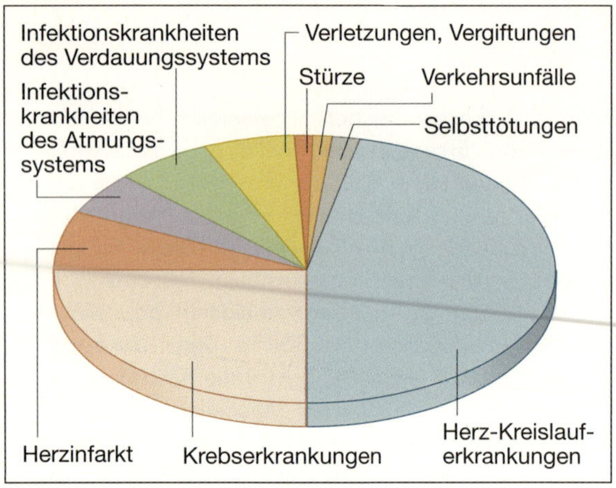

1 Todesursachen in Deutschland

4 Früherkennung ist wichtig

Die häufigsten Todesursachen in Deutschland sind nicht Unfälle, sondern Erkrankungen. Wenn man sie frühzeitig erkennt, kann man ihren Ausbruch hinausschieben oder sie wirkungsvoll bekämpfen. Oft lassen sich Krankheiten dann sogar dauerhaft heilen.
Ein Beispiel für solche Früherkennungsmöglichkeiten ist die Untersuchung der Schwangeren, deren Ergebnisse im „Mutterpass" eingetragen werden. Auch die Früherkennungsuntersuchungen für Kinder „U1–U9" sorgen dafür, dass Schäden und Krankheiten früh erkannt und behandelt werden. Für Jugendliche werden zur Zeit Untersuchungen eingeführt. Die erste (J1) soll z. B. **Asthma, Allergien, Fehlsichtigkeit,** erhöhte Blutfettwerte oder **Essstörungen, Diabetes** und **Schilddrüsenerkrankungen** feststellen.
Kinder und Jugendliche haben häufig von **Karies** angegriffene oder falsch gestellte Zähne. Sie sollten deshalb zweimal jährlich zur zahnärztlichen Vorsorgeuntersuchung und Karieskontrolle gehen. Auch für Erwachsene gibt es Vorsorgeuntersuchungen. Dort werden z. B. Gewicht und Blutdruck gemessen sowie das Blut auf Zucker und Fette, z. B. Cholesterin, untersucht. Durch die Feststellung von *Risikofaktoren* versucht man, die Patienten zur Änderung ihrer Lebensweise zu bewegen. Dadurch lässt sich der Ausbruch der so genannten Zivilisationskrankheiten hinausschieben.
Hinzu kommen Vorsorgeuntersuchungen auf verschiedene Krebsarten. Krankenkassen empfehlen einen regelmäßigen Gesundheits-Check ähnlich der Untersuchung fürs Auto. Herz-Kreislauf-Erkrankungen, Diabetes, Nierenerkrankungen und viele Stoffwechselstörungen können dabei erkannt und behandelt werden.

A1 Werte die Abbildungen 1 und 2 aus.
a) Nenne die Krankheiten, die durch Früherkennung zu bekämpfen sind.
b) Beschreibe die Veränderungen von 1910 bis 1999.
c) Erkläre sie mit Veränderungen in der Gesellschaft und im medizinischen Fortschritt.

A2 Viele Kinder und Jugendliche nehmen Iod-Tabletten. Informiere dich mithilfe von Beipackzetteln über Schilddrüsenerkrankungen. Erkundige dich in einer Apotheke, warum diese in Süddeutschland häufiger auftreten.

A3 Welchen Zweck hat es, Körpergewicht, Blutfette und Blutzucker zu bestimmen? Welche Krankheiten können damit erkannt werden?

A4 a) Frage deine Eltern, ob sie dein altes „Untersuchungsheft für Kinder" mit den Vorsorgeuntersuchungen aufbewahrt haben. Schau nach, was damals festgestellt wurde und wie es sich verändert hat.
b) Hast du schon die Vorsorgeuntersuchung J1 für 13–15-Jährige gemacht? Wenn du sie machst, frage die Kinderärztin oder den Arzt, welche Untersuchung welche Krankheit anzeigt.

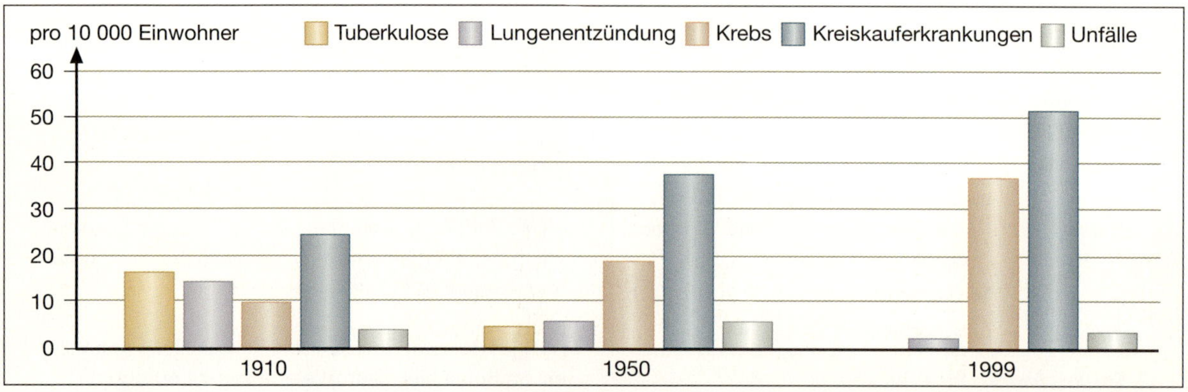

2 Ausgewählte Todesursachen in Deutschland 1910–1999

Krebs

Mit „Krebs" bezeichnet man verschiedene bösartige Tumoren. Ein **Tumor** entsteht, wenn sich Zellen ungehemmt teilen. *Gutartige Tumoren* wachsen langsam und kapseln sich ab. *Bösartige Tumoren* wachsen rasch. Sie dringen ins umgebende Gewebe ein und zerstören es. Wenn sie eine bestimmte Größe erreicht haben, geben sie Tochtergeschwülste, die **Metastasen,** in die Blutbahn ab, die an anderen Stellen des Körpers zu neuen Tumoren heranwachsen. Deshalb ist es nötig, eine Krebsgeschwulst zu erkennen, bevor sie Metastasen bildet. Die Früherkennung hat auch den Vorteil, dass man die Krebsgeschwulst oft vollständig herausschneiden kann. Danach ist der Patient dauerhaft geheilt. Eine andere Behandlung ist das Abtöten der Zellen durch Bestrahlung oder durch Zytostatika. Das sind Zellgifte, die die Zellteilung verhindern. Dabei treten erhebliche Nebenwirkungen auf, wie extreme Schmerzen, Haarausfall, Übelkeit und Durchfall. Auch nach einer erfolgreichen Behandlung müssen Krebspatienten sich immer wieder untersuchen lassen. Es ist möglich, dass einige Krebszellen überlebt haben und erneut anfangen eine Geschwulst zu bilden.
Ursachen für die Entstehung von Krebs sind vor allem energiereiche Strahlen aus Röntgengeräten, radioaktive Strahlung und krebserregende Stoffe, so genannte *Karzinogene,* die wir mit der Nahrung oder der Luft, z. B. im Zigarettenrauch, aufnehmen. Bestimmte Viren stehen im Verdacht Krebs auszulösen. Für wenige Krebsarten ist eine erbliche Veranlagung erwiesen.

Brustkrebs ist die häufigste Krebsart bei Frauen. Unter den jährlich fast 50 000 neu Erkrankten sind auch junge Frauen. Durch Abtasten der Brust kann man Verhärtungen selbst feststellen. Die Mammografie gibt dann einen Hinweis, ob sie bösartig sind. Die Biopsie (Entnahme einer Gewebeprobe) beweist es.
Tumoren an *Gebärmutter* und *Eierstöcken* treten ebenfalls schon bei jungen Frauen auf. Die Behandlungschancen sind bei Früherkennung gut.
Lungenkrebs ist die häufigste Krebsart bei Männern. In der letzten Zeit sterben auch zunehmend Frauen daran. Die Erklärung: Immer mehr Frauen rauchen. Zigarettenrauch reizt Zellen in der Lunge. Die Nachbarzellen reagieren mit verstärkter Teilung. Dabei kann es zur Tumorbildung kommen. Die Heilungschancen sind gering.
Magen- und *Darmkrebs* sind oft ernährungsbedingt: Karzinogene in der Nahrung, zu viel Alkohol, zu wenige Ballaststoffe. Der „empfindliche Magen" ist oft eine Vorstufe.
Leukämie (Blutkrebs) tritt schon bei Kindern auf. Dabei ist die Bildung der Blutkörperchen gestört. Durch neue Früherkennungs- und Therapiemethoden steigen die Heilungschancen ständig.

A1 Nimm an, eine Krebszelle teilt sich einmal täglich. Errechne, wie viele Zellen nach einem Monat entstanden sind. Stelle die Zahlen für jeden Tag der ersten Woche grafisch dar.

A2 Erkläre, warum die Bildung von Metastasen die Bekämpfung einer Krebserkrankung erschwert.

A3 a) Erkläre die Wirksamkeit von Zytostatika gegen Krebserkrankungen.
b) Erkläre ihre Nebenwirkungen.

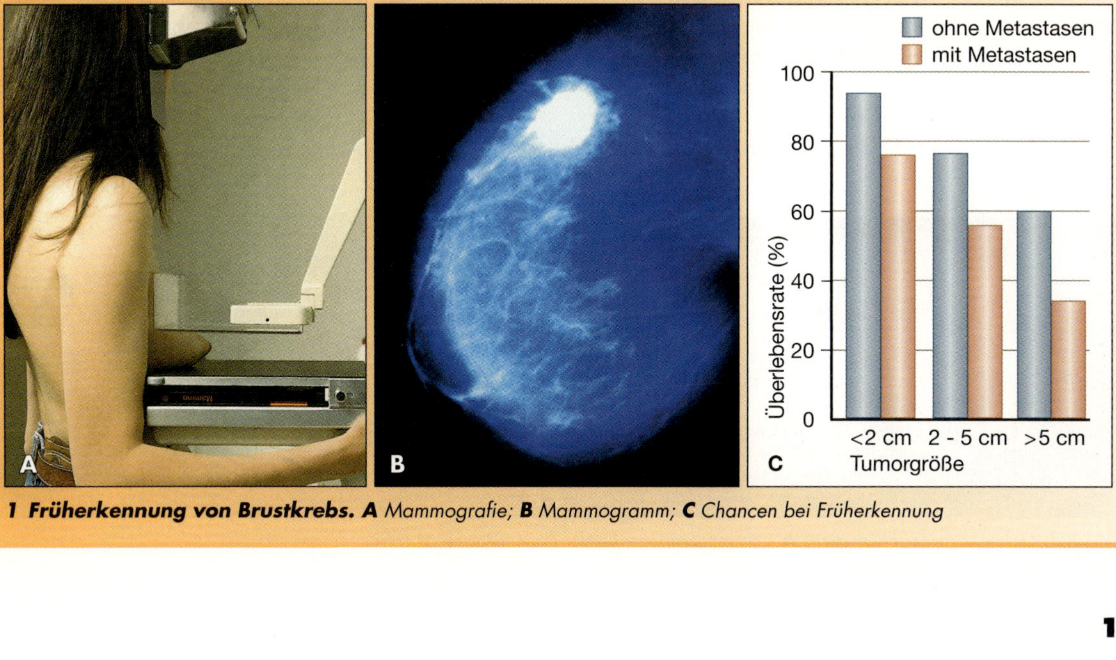

1 Früherkennung von Brustkrebs. A *Mammografie;* **B** *Mammogramm;* **C** *Chancen bei Früherkennung*

5 Untersuchungsmethoden – Voraussetzung für die Diagnose

Oft fühlt man sich krank, kennt aber weder Ursache noch Art der Erkrankung. Auch nach Unfällen muss erst die ärztliche Untersuchung zeigen, was nicht in Ordnung ist. Sind die **Symptome** auffällig, ist die **Diagnose** oft leicht. Meist sind Erkrankungen aber nur mithilfe spezieller Untersuchungen festzustellen.
Im Gespräch mit der Patientin erfragt die Ärztin die *Krankengeschichte,* die *Anamnese.* Welche Krankheiten hatte die Patientin früher? Wann traten die Symptome auf? War in der Umgebung (Schule, Bekannte) jemand erkrankt? Traten ähnliche Erkrankungen in der Verwandtschaft auf?
Nun misst die Ärztin Puls, Blutdruck, Größe und Gewicht. Mit diesen *Grunddaten* verfolgt sie die Entwicklung der Patientin. Außerdem ermittelt sie daraus später die Dosierung eines Medikaments.
Bei Erkrankungen der Atemwege schaut sie in Mund und Rachen und hört mit dem *Stethoskop* die Lungengeräusche ab. Vermutet sie eine Infektionskrankheit, macht sie einen **Abstrich.** Mit einem Wattestäbchen streicht sie Zellen von Schleimhäuten ab und lässt sie im Labor untersuchen.
Viele Stoffwechselkrankheiten kann man durch Untersuchung mit **Teststäbchen** selbst feststellen. So zeigt Zucker im Urin Diabetes an.
Die **mikroskopische** oder **chemische Untersuchung** von Blut oder von entnommenen Zellen und Bakterien, aber auch von Feststoffen im Urin, gehört zu den häufig durchgeführten Labormethoden. So kann man z. B. infektions- oder ernährungsbedingte Krankheiten erkennen.
Immer zahlreicher werden **biochemische Tests,** z. B. zur Tumorfeststellung. Sie erkennen spezielle Teilchen, die nur bei Tumorzellen vorkommen.
Störungen der Herz- oder Gehirnfunktionen kann man im **Elektrokardiogramm (EKG)** oder **Elektroenzephalogramm (EEG)** erkennen. Dabei melden Elektroden, die auf die Haut aufgeklebt werden, die schwachen elektrischen Ströme des Herzens oder des Gehirns an ein Gerät, das sie verstärkt und als Linienmuster aufzeichnet.

Schwieriger ist es, innere Verletzungen oder Veränderungen wie Entzündungen oder Tumoren zu diagnostizieren. Die **Tastuntersuchung** gibt erste Hinweise, z. B. bei Knochenbrüchen. Weitere Untersuchungen zeigen, wie es im Inneren des Körpers aussieht.
Die bekannteste ist die **Röntgenuntersuchung.** Dabei durchstrahlt ein energiereicher Röntgenstrahl den Körper. Sehr dichte Organe wie die Knochen sind „undurchsichtig", lockere Organe wie die Lunge bieten dem Strahl kaum Widerstand. Dieses *Röntgenbild* wird in einem Foto sichtbar gemacht. Nun erkennt man z. B. deutlich einen Knochenbruch.
Eine Weiterentwicklung des Röntgens ist die **Computertomografie.** Aus vielen Röntgenaufnahmen berechnen Computer räumliche Bilder. Dazu gehört z. B. ein Querschnitt durch den Bauch oder eine räumliche Darstellung von Organen. Chirurgen können an diesem Modell eine Operation genau planen.
Ähnlich funktioniert die **Ultraschalluntersuchung.** Ein Gerät sendet außerhalb des Körpers unhörbare Schallwellen aus, die von den Organen zurückgeworfen werden. Der Computer errechnet daraus ein Bild, das man auf einem Monitor ansehen kann. Da man hierbei keine energiereichen Strahlen verwendet, besteht kein Krebsrisiko für Patienten. Allerdings dringen die Schallwellen nicht so tief ein wie Röntgenstrahlen.
Sehr genaue Bilder von inneren Organen oder gar Innenansichten der Atemwege oder der Verdauungsorgane liefert die **Endoskopie.** Durch ein bewegliches, langes Röhrchen, das aus einem Geflecht von haardünnen Glasfasern besteht und am vorderen Ende eine Mini-Optik trägt, sieht man farbige, räumliche Innenansichten der Organe. Oft sind noch Röhrchen vorhanden, durch die man Gewebsflüssigkeit oder sogar Gewebeproben entnimmt **(Biopsie).**
Alle diese Untersuchungsmethoden erlauben es, eine möglichst exakte Diagnose zu stellen und die passende Therapie zu planen.

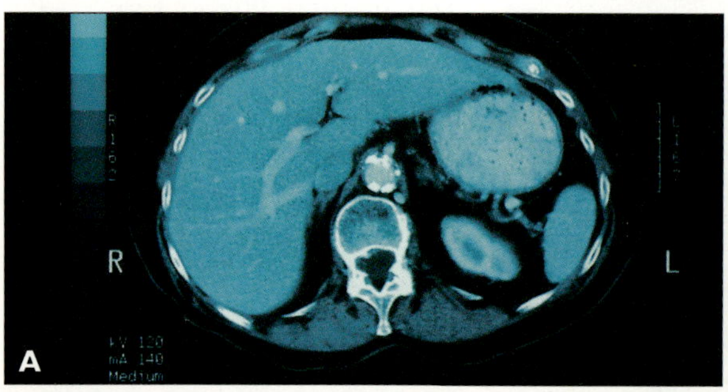

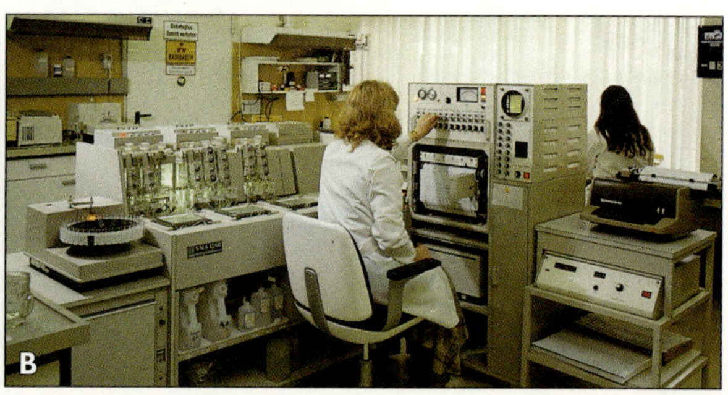

***1 Medizinische Untersuchungen. A** Computertomografie der Bauchorgane; **B** Labor*

A1 Nenne Gründe, warum das Gespräch mit dem Patienten wichtig ist. Welche Informationen bekommen die Ärztin oder der Arzt dabei?

A2 Röntgenstrahlen können Zellen schädigen oder sogar Krebs auslösen. Nenne Gründe, weshalb und in welchen Fällen man trotzdem Röntgenbilder anfertigt.

A3 Nenne Vor- und Nachteile der genannten Untersuchungsmethoden.

A4 Fieber messen ist im Alltag eine häufige medizinische Untersuchung. Ist aufgrund der Fiebermessung eine Diagnose möglich? Nenne Argumente dafür und dagegen.

A5 Wenn an der Spitze des Endoskops winzige chirurgische Geräte befestigt sind, kann man kleine Operationen durchführen. Sie senken das Operationsrisiko enorm. Es ist keine Vollnarkose nötig, gesundes Gewebe wird nicht durchtrennt, es tritt kein Blutverlust auf. Da kein langer stationärer Aufenthalt in der Klinik nötig ist, spart man Kosten. Erläutere, weshalb z. B. Knieoperationen zunehmend endoskopisch durchgeführt werden.

A6 Ertaste deinen Puls am Handgelenk und am Hals. Zähle die Pulsschläge in 15 Sekunden und errechne daraus die Pulsfrequenz pro Minute.

A7 Messt gegenseitig den Blutdruck. Lass dir das Anlegen der Manschette und den Gebrauch des Stethoskops erklären. Schlage nach, was der obere und der untere Blutdruckwert bedeuten.

Glossar

Adrenalin: Hormon, in den Nebennieren gebildet, wird beim Einwirken von Stressoren ins Blut ausgeschüttet und bewirkt Stressreaktionen.

Cortisol: Hormon, in den Nebennieren gebildet, wird bei Stress ins Blut abgegeben und unterdrückt die Immunreaktion.

Diabetes: Zuckerkrankheit. Das den Blutzuckergehalt senkende Hormon Insulin wird nicht in genügender Menge gebildet.

Diagnose: Feststellen und Erkennen einer Krankheit

Diät: besondere Ernährung mit dem Ziel, ernährungsabhängigen Krankheiten oder Übergewicht entgegenzuwirken

Fastfood: industriell vorgefertigte Lebensmittel, die schnell zubereitet werden können

Hormon: chemischer Botenstoff, der in einer Hormondrüse oder einem Gewebe gebildet wird und über das Blut zu den Zielorganen gelangt, auf die er einwirkt

Infarkt: plötzlicher Ausfall wichtiger Funktionen, weil die versorgende Arterie verstopft ist. Lebensbedrohlich bei Herzinfarkt und Schlaganfall (im Gehirn).

Joule [d͡ʒu:l]**:** Maßeinheit für die Energie. 1 kJ (Kilojoule) = 1000 J. Der Energiegehalt („Brennwert") der Nahrung wird oft noch in Kalorien angegeben. 1 kcal = 4,2 kJ.

karzinogen (auch: kanzerogen): krebserzeugend

Kohlenhydrate: mengenmäßig wichtige Nährstoffgruppe, zu der Stärke und Zucker gehören

Krebs: bösartiger, d. h. ungehemmt wachsender Tumor (Geschwulst, Gewebswucherung)

Metastasen: Krebszellen, die sich über den Körper verbreiten und Tochtergeschwülste bilden.

Proteine oder Eiweiße: wichtige Nährstoffe, die aus Aminosäuren zusammengesetzt sind

Stress: breite körperliche Alarmreaktion in Situationen, die als bedrohlich empfunden werden

Stressor (Stressfaktor): Lebensumstand wie Lärm, Hitze, Kälte, Termindruck oder eine Bedrohung, wodurch eine Stressreaktion ausgelöst wird.

Stressreaktion: erhöhter Blutdruck, beschleunigter Herzschlag, erhöhter Blutzuckergehalt, erweiterte Bronchien u. a.; durch Stressoren ausgelöst

Symptom: Krankheitserscheinung wie Schmerz, Fieber, Hautausschlag, Durchfall, Lähmung u. a.

Therapie: Behandlung einer Krankheit

Tumor: Gewebswucherung, Geschwulst, die gutartig oder bösartig (Krebs) sein kann

Zivilisationskrankheiten: Krankheiten wie Karies, Diabetes (Zuckerkrankheit) oder Herz-Kreislauf-Erkrankungen, die durch ungesunde Lebensweise in modernen Zivilisationsgesellschaften gefördert werden.

Gesundheit – im Griff der Sucht

2 Gefühle entstehen im Kopf

1 Sucht – kein Weg zum Glück

Warum gibt es in allen menschlichen Gesellschaften **legale** und **illegale Drogen?** Gesetzlich erlaubt, also legal, sind bei uns Drogen wie Koffein, Alkohol, Nikotin und manche Medikamente, während Drogen wie Haschisch, Marihuana, Ecstasy, Kokain oder Heroin verboten, also illegal sind. Warum werden immer wieder Menschen süchtig, obwohl sie wissen, welche Gefahren auch mit dem Missbrauch legaler Drogen verbunden sind? Und warum kann man sogar ohne Drogenkonsum süchtig sein?
Unser Handeln und Streben wird letztlich von unseren Gefühlen gelenkt. Das geschieht sogar dann, wenn wir glauben, gerade sehr „vernünftig" zu handeln, indem wir z. B. diesen Schulbuchtext lesen. Entweder tun wir es aus Interesse, aus Freude am Lernen, oder wir erhoffen ein Lob oder eine gute Note. Manch einer möchte nur nicht unangenehm auffallen oder ihn plagt die Angst vor der nächsten Klassenarbeit. Jedenfalls gibt es in unserem Kopf ein fein abgestimmtes Belohnungs- und Bestrafungs-, Anfeuerungs- und Warnsystem, das uns über Gefühle dazu bewegt, dieses zu tun und jenes zu lassen. Und wir tun tatsächlich einiges, um in gute Stimmung zu kommen.

1 Spielen oder Spielsucht?

Manche Menschen meinen, besondere Wege zu kennen, um in gute Stimmung zu geraten. Sie holen sich ihre „Kicks" im Kaufrausch, bei Extremsportarten oder im Gewinnspiel oder sie betäuben ihre Sehnsüchte durch übermäßiges Essen. Sie wollen oder können auf diese Erlebnisse nicht mehr verzichten. Ohne ihre „Kicks" fühlen sie sich leer und ruhelos. Sie sind **psychisch abhängig** von ihrem **Suchtverhalten.** Es fällt ihnen schwer, auf andere Weise Freude zu finden.
Andere Menschen nehmen **Drogen.** Das hat noch weiter gehende Folgen. Drogen greifen direkt in die Chemie der Gefühle ein, sodass zu der psychischen Abhängigkeit noch eine **körperliche Abhängigkeit** hinzukommen kann. So stellen sich die Nervenfunktionen auf die Droge ein, der Körper gewöhnt sich z. B. an Alkohol, Nikotin und besonders schnell an Heroin. Wird die Droge dann nicht mehr genommen, treten **Entzugserscheinungen** auf. Bei Heroinsüchtigen sind dies unerträgliche Schmerzen, Muskelzittern und Übelkeit. Bei vielen anderen Drogen stellen sich Angst, Unruhe und depressive Stimmungen ein, sobald der Rausch verflogen ist. Um Entzugserscheinungen zu vermeiden, müssen sich Drogenabhängige immer wieder die Droge beschaffen. Für neuerliche Hochstimmungen muss die Dosis mit der Zeit sogar gesteigert werden.

Suchtkranke ruinieren ihre Gesundheit. Sie schädigen ihre inneren Organe und ihr Nervensystem oft dauerhaft. Hinzu kommen Infektionskrankheiten, die durch Fehlernährung und mangelnde Hygiene begünstigt werden. Starke Alkoholiker und Abhängige von harten Drogen wie Heroin und Kokain leiden aber nicht nur unter Gesundheitsproblemen. Ihnen ist nur noch ihre Sucht wichtig. Sie vernachlässigen Freunde und Familie und sie verlieren ihren Arbeits- oder Ausbildungsplatz. In ihrer sozialen Vereinsamung kann ihnen kaum noch jemand helfen. Dazu kommen Geldsorgen. Heroin- oder Kokainsüchtige müssen täglich mindestens 50 Euro allein für ihren „Stoff" aufbringen. Viele Drogenabhängige begehen Diebstahl, Raub oder prostituieren sich. Man spricht von Beschaffungskriminalität.

Auswege aus der Sucht sind immer schwer, und viele, die es versuchen, werden wieder rückfällig. Der körperliche **Entzug** der Droge ist in Spezialkliniken möglich. Der Drogenkranke wird dabei unter ärztlicher Aufsicht mithilfe von Medikamenten entgiftet. Viel schwieriger ist jedoch der zweite Therapieschritt, die **Entwöhnung.** Dabei muss das Verlangen nach der Droge, die psychische Abhängigkeit, verringert werden. Die dafür erforderliche Behandlung muss oft über Jahre fortgeführt werden. Die ehemals Drogenabhängigen müssen neu lernen, ein geregeltes Arbeits- und Alltagsleben mit seinen Mühen, aber auch frohen Momenten zu führen. Sie müssen neue Freunde und Bekannte finden, damit sie nicht wieder zu ihren „Freunden" in der Drogenszene gehen. Viele ehemals Abhängige schließen sich **Selbsthilfegruppen** an. Dort lernen sie, ihre Situation mit Menschen in ähnlicher Lage zu besprechen. Auch für die Angehörigen von Suchtkranken gibt es Selbsthilfegruppen.

Jugendliche und junge Erwachsene sind besonders gefährdet, süchtig zu werden. In diesem Lebensabschnitt sind Unsicherheiten normal. Unerfüllte Wünsche und nicht erfüllbare Träume führen zu Enttäuschungen, das Erproben von Fähigkeiten und Freiheiten bringt Konflikte. Die glitzernde Scheinwelt der Medien lässt die eigene Realität besonders armselig erscheinen. Manche fliehen deshalb in das angebliche Glück, das Drogen versprechen. Aber Drogen lösen keine Konflikte, sie schaffen nur zusätzliche.

A1 a) Ordnet die Gefühle aus Abbildung 2 in „positive" und „negative" Gefühle.
b) Bildet Arbeitsgruppen und notiert in jeder Gruppe Situationen aus eurem Alltag und besondere Erlebnisse, die ihr mit den verschiedenen Gefühlen verbindet.
c) Sprecht in der Gruppe über „liebe Gewohnheiten" und über Gewohnheiten, die ihr ändern möchtet.
d) Gestaltet in Gruppen Plakate zum Thema „Spaß muss sein – Drogen nein!".

A2 Beschreibe die Lebenssituation der jungen Frau, wie sie in Abb. 3 zum Ausdruck kommt.

A3 Grenze die Begriffe Entzug, Entgiftung und Entwöhnung gegeneinander ab. Erkläre, welche Bedeutung sie für die Heilung eines Drogenabhängigen haben.

A4 Stelle die Drogenpreise in Abb. 4 in Form eines Säulendiagramms dar, sodass 100 Euro einer Säule von 10 cm Höhe entsprechen.

A5 Unterscheide Beschaffungskriminalität von organisierter Drogenkriminalität.

3 Heroinsüchtige Fixerin

50 g Kokablätter vom Kleinbauern	0,05 €
⇓ chemische Aufbereitung	
0,1 g Kokain in Südamerika	0,5 €
⇓ Schmuggel nach Westeuropa	
0,1 g reines Kokain in Europa	5 €
⇓ Strecken auf 10 % Reinheitsgrad	
1 g „Kokain" im Zwischenhandel	50 €
⇓ Dealen	
1 g Straßenkokain	100 €

4 International organisierte Drogenkriminalität auf Kosten der Suchtkranken: im Drogenhandel wird mehr verdient als im weltweiten Autohandel.

1 Ursachen für eine Essstörung liegen oft in der Familie

2 Essstörungen

Essen, so scheint es, ist die normalste Sache der Welt. Wir essen jeden Tag mehrmals, manchmal eher lustlos, mal mit Heißhunger, nicht selten allein, aber lieber in netter Gesellschaft an einem schön gedeckten Tisch. Was viele als wohltuenden Wechsel von Hunger, Genuss beim Essen und satter Zufriedenheit empfinden, wird für andere zum Problem.

Viele stark *Übergewichtige* essen ständig zu viel und meist noch bevorzugt Süßes und Fettes. Oft leiden sie unter den Problemen, die mit ihrem Dicksein verbunden sind, sind aber nicht in der Lage, sich beim Essen zu kontrollieren. Ein solches suchtartiges Essverhalten bezeichnet man daher auch als **Esssucht.** Esssüchtige haben das ungesunde Essen zumeist schon in der Familie gelernt. Sie wurden als Kinder oft mit Süßigkeiten belohnt und getröstet, anstatt liebevolle Zuwendung zu erfahren. In der Pubertät verschärfen sich die Probleme, wenn die Jugendlichen ihre unerfüllte Sehnsucht nach gemeinsamen Erlebnissen mit anderen ersatzweise durch hemmungsloses Essen zu befriedigen versuchen. Eine Betroffene meint: „Es entstand ein regelrechter Teufelskreis aus dick sein, wenig aktiv sein, wenig Anerkennung finden, frustriert sein, essen und dick sein. Ich setzte immer mehr Kummerspeck an." In solchen Fällen kann eine psychologische Beratung und eine Verhaltenstherapie Hilfe bringen.

Aber nicht jeder Übergewichtige ist esssüchtig. Einer **Fettsucht** können auch erbliche Einflüsse, Krankheiten oder hormonelle Störungen zugrunde liegen. Eine ärztliche Untersuchung kann hier zur Klärung beitragen. In manchen Fällen ist eine Behandlung möglich.

Die **Magersucht** ist ein Essproblem, das insbesondere junge Mädchen betrifft. Wenn aus dem Mädchen eine Frau wird und sich unter dem Einfluss der Hormone die weiblichen Körperformen entwickeln, entsteht häufig das Gefühl, zu dick zu sein. Ein Vergleich mit den Schlankheitsidealen der Modewelt veranlasst viele zu einer Diät. Sie kann am Beginn einer Magersucht stehen. Mit eisernem Willen werden solche Diäten durchgehalten, und die vermeintlichen Erfolgserlebnisse vermittelt der Blick auf die Waage. Mager-

2 Schlank und sexy – die Werbung setzt Ideale

süchtige essen schließlich immer weniger und magern bei dieser lebensgefährlichen Erkrankung völlig ab. Die weiblichen Formen gehen zurück und die Periode bleibt aus. In manchen Fällen kann nur ein Klinikaufenthalt eine Magersüchtige vor der Selbstzerstörung bewahren. Langzeituntersuchungen haben gezeigt, dass Magersüchtige auch nach einer Therapie noch über Jahre gefährdet sind, rückfällig zu werden.

Ähnliche Ursachen wie die Magersucht hat die **Ess- und Brechsucht (Bulimie).** Betroffene Jungen und Mädchen sind weder auffällig dick noch besonders dünn. Sie essen normal, wenn sie zusammen mit anderen sind, oder sie halten Diät. Ihre Sucht findet im Geheimen statt. Bei Heißhungerattacken stopfen sie alle erreichbaren Nahrungsmittel in sich hinein. Selbst herbeigeführtes Erbrechen soll das Fehlverhalten dann ungeschehen machen und befreit sie von dem Übermaß an Nahrung. Ess- und Brechsüchtige empfinden Scham und Ekel über ihr Verhalten und schaffen es oft über Jahre nicht, sich jemandem anzuvertrauen und Hilfe zu suchen.

Die Familien stehen der magersüchtigen Tochter oder dem ess- und brechsüchtigen Sohn meist hilflos gegenüber, zumal die Probleme oft in der Familiensituation mitbegründet sind. Die Essstörungen sind ein Ausdruck davon, dass die jungen Menschen Schwierigkeiten haben, in ihre neuen Rollen als Frauen und Männer hineinzuwachsen, ein positives Körpergefühl zu entwickeln und ihre eigenen Bedürfnisse ernst zu nehmen. Fehlende Vorbilder in der Familie, ein gefühlsarmer Umgang miteinander oder hohe Leistungserwartungen können der Grund dafür sein, dass junge Leute ausbrechen und süchtig werden. Eine professionelle psychologische Behandlung und Verhaltenstherapie muss diese Probleme angehen.
Selbsthilfegruppen können eine wertvolle Unterstützung bieten, um die einzelnen in ihrer persönlichen Entwicklung zu bestärken.

3 *Blick auf die Waage – Erfolg oder Niederlage?*

A1 Beschreibe, welches Essverhalten für die verschiedenen Essstörungen typisch ist.

A2 In Abbildung 4 beschreibt Katharina ihre Magersucht.
a) Stelle zusammen, was sie in dieser Zeit wollte und was sie nicht wollte.
b) Was hatte Katharinas Magersucht mit dem Erwachsenwerden zu tun?
c) Untersuche, welche Bedeutung geistiges und körperliches Stark- und Schwachsein im Verlauf einer Magersucht haben können.
d) Wo fand Katharina schließlich Hilfe?

A3 Warum brauchen junge Menschen mit Essstörungen zumeist Hilfe, die von außerhalb der Familien kommt?

A4 Trage Internet-Links und Adressen von Selbsthilfeeinrichtungen in deiner Umgebung zusammen, die bei Essstörungen Hilfe anbieten.

Katharina, 15 Jahre, Schülerin

Ich wollte bleiben, wie ich war: klein, zierlich und umsorgt. Als ich in die Pubertät kam, dachte ich, ich gehe völlig aus dem Leim. Ich achtete streng auf die Kalorien, um mein Gewicht unter Kontrolle zu bringen. Ich magerte immer mehr ab. Trotzdem kam ich mir noch immer viel zu dick vor. Deshalb hungerte ich weiter. Gelegentliche Heißhungeranfälle betrachtete ich als Schwäche und gab mich ihnen immer seltener hin. Es bereitete mir regelrecht Freude, wenn meine Eltern sich um meine Gesundheit sorgten. „Mit meinem Körper mache ich, was ich will", dachte ich und merkte gar nicht, wie ich mir schadete. Nach einem Kreislaufzusammenbruch war ich eine Zeitlang in der Klinik. Ohne die regelmäßige psychologische Betreuung hätte ich wahrscheinlich allein keinen Weg zu mir selbst gefunden.

4 *Eine Magersüchtige berichtet*

3 Alkohol – Volksdroge Nr. 1

1 Alkohol im Griff?

3 Im Griff des Alkohols

A1 Bei welchen Feiern wird kein Alkohol angeboten?

A2 Warum werden anlässlich einer Feier alkoholische Getränke ausgeschenkt?

A3 Nenne weitere mögliche Konsequenzen der Situation, dass ein Mensch alkoholabhängig ist.

A4 Von einigen Fachleuten wird behauptet, dass mehr als 35 g (bei Jugendlichen gar nur 20 g) Alkohol täglich zu einer nachhaltigen Schädigung der Organe führen. Berechne anhand der Abbildung 2 (Dichte für Alkohol: 0,789 g/cm^3), wie viel g Alkohol der „Durchschnittsdeutsche" täglich konsumiert. Kann man behaupten, dass in Deutschland Alkohol kein gesundheitliches Problem darstellt? Erläutere.

Jährlicher Alkoholkonsum in Liter reinen Alkohol

Rang	Land	1995	1996	1997	1998
1	Luxemburg	12,1	11,6	11,4	13,3
2	Portugal	12,0	11,6	11,3	11,2
3	Frankreich	11,4	11,2	10,9	10,8
4	Irland	9,3	9,9	10,5	10,8
5	Deutschland	11,1	11,0	10,8	10,6
6	Tschechische Republik	10,0	10,0	10,1	10,2
7	Spanien	9,5	9,3	10,2	10,1
8	Dänemark	10,0	10,0	9,9	9,5
9	Rumänien	9,0	8,9	9,2	9,5
10	Ungarn	10,0	10,3	10,1	9,4
11	Österreich	9,8	9,7	9,5	9,2
12	Schweiz	9,4	9,3	9,2	9,2
13	Griechenland	8,8	8,7	8,8	9,1
14	Belgien	9,1	9,1	9,1	8,9
15	Slowakische Republik	8,0	8,3	8,5	8,2
16	Niederlande	8,0	8,1	8,2	8,1
17	Russland	8,8	7,3	7,3	7,9
18	Italien	8,3	7,9	7,9	7,7
19	Australien	7,6	7,5	7,5	7,6

2 Deutschland – im Alkoholkonsum Spitze

„Prosit!" Dieser Trinkspruch wird wiederholt in der feuchtfröhlichen Gesellschaft angestimmt. Es gehört zum guten *Brauch* auf einer Festlichkeit oder Feier, dass man zum Wohle eines Menschen sein Glas erhebt, anstößt und dann von dem alkoholischen Getränk trinkt. Viele Menschen begnügen sich nicht mit einem „Prosit"- Trunk. Schon ein Glas Wein bewirkt, dass man lockerer wird und sich froh und heiter fühlt. Ärger im Beruf oder in der Familie, Geldsorgen oder Probleme mit der Gesundheit treten in den Hintergrund. Gleichzeitig fühlt man sich entspannt und selbstbewusst. Man kennzeichnet diesen Zustand eines Menschen mit der Formulierung: „Nun ist er aufgetaut und kann richtig mitfeiern." Diese Wirkungen des Alkohols sind häufig Grund dafür, dass Menschen Alkohol trinken.

Die meisten haben ihren Alkoholkonsum im Griff. Andere haben das nicht. Sie trinken häufig größere Mengen Alkohol. Dabei entwickelt sich bei ihnen ein zwanghaftes Verlangen, an ein alkoholisches Getränk zu kommen. Sie leiden unter einer **Alkoholabhängigkeit.** Ihr Körper hat sich an die Droge Alkohol gewöhnt, sie benötigen eine immer höhere Dosis. Wenn sie keinen Alkohol trinken, leiden sie unter *Entzugserscheinungen.* Es kommt zu Schweißausbrüchen, Zittern, starkem Schwitzen oder Magenkrämpfen. Sie versuchen alles, um an Alkohol zu gelangen. Dabei setzen sie sogar Familie oder Freundschaften aufs Spiel, sie vernachlässigen ihren Beruf. Es kann so weit kommen, dass sie ihren Beruf und ihre Freunde verlieren sowie ihre Beziehungen zur Familie aufgeben. Ihr einziger „Freund" und Lebensinhalt ist der Alkohol. Letztlich stehen sie allein da. Aus dieser *Isolierung* können sich nur wenige Alkoholabhängige aus eigener Kraft befreien. Die meisten sind, wie andere kran-

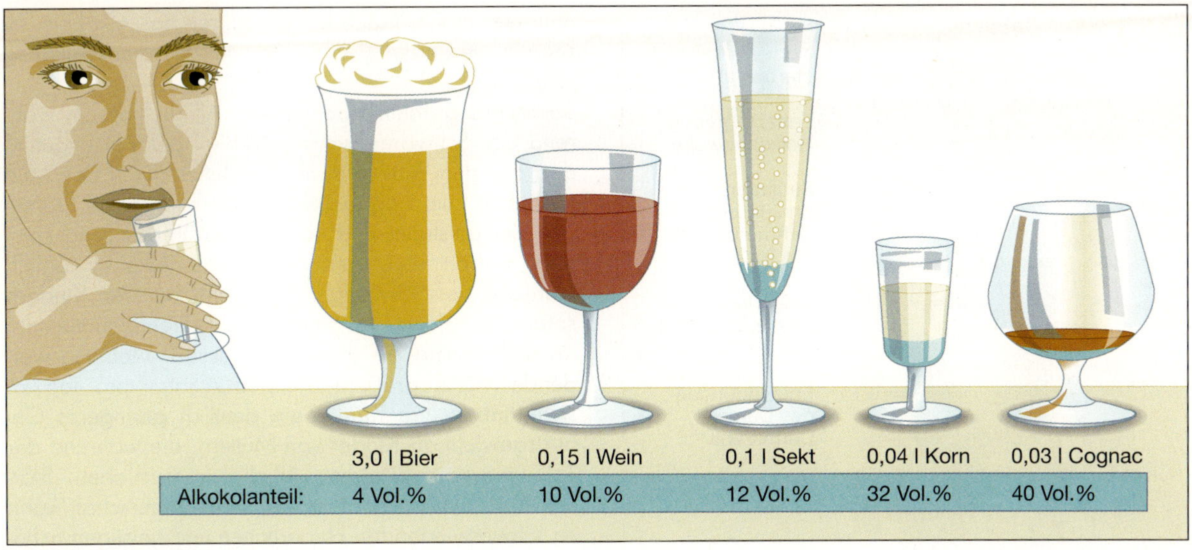

4 Jedes Glas zählt.

A5 Berechne für jedes Getränk, wie viele Milliliter Alkohol in einem Glas enthalten sind.

A6 Ein Glas Kirschlikör (Alkoholgehalt: 25 % Vol.) enthält etwa so viel Alkohol wie ein Glas Sekt. Wie viele Milliliter Kirschlikör sind in dem Glas?

ke Menschen auch, auf die Hilfe von außen angewiesen. Nahestehende können helfen, indem sie Kontakt zu den Alkoholkranken pflegen und darauf drängen, wirkungsvolle Hilfe anzunehmen. Diese kann von „Profis" wie Ärzten oder Organisationen, die sich Alkoholkranker annehmen, geleistet werden.

Alkohol ist ein Gift. Schon der erste Schluck gelangt in den Verdauungstrakt und von dort über die Schleimhäute in Mund, Magen und Dünndarm direkt in das Blut. Dieses verteilt den aufgenommenen Alkohol im ganzen Körper. Dort entfaltet er seine schädigenden Wirkungen. Rasch werden seine Wirkungen auf das Gehirn beobachtbar. Schon bei einem *Blutalkoholgehalt* von 0,5–1,5 Promille (0,5—1,5 g Alkohol pro 1000 g Blut) lässt die Auffassungsgabe nach, es kommt zu leichten Gleichgewichtsstörungen und anderen Beeinträchtigungen. Bei 1,5–2,5 Promille sind u. a. unsichere Bewegungen, starkes Schwanken beim Gehen und eine stark verlängerte Reaktionszeit zu beobachten. Bei noch höheren Promillewerten ist der Betroffene körperlich hilflos, er nimmt seine Umgebung nicht mehr realistisch wahr, reagiert überaus ängstlich oder aggresssiv. Es kann zu Atemlähmungen und letztlich zum Tode kommen. Diese Beeinträchtigungen betreffen den, der Alkohol trinkt, selbst. Sobald er sich auf ein Fahrrad, auf einen Motorroller oder in ein Auto setzt, beeinträchtigt oder gefährdet er die Gesundheit und gar das Leben anderer. Untersuchungen mit Testpersonen belegen dies eindeutig. Schon mit einem Blutalkoholwert von 0,2 bis 0,5 Promille machten sie ungefähr 30 % mehr Fahrfehler als Testpersonen, die keinen Alkohol getrunken hatten. Werte von 1,1 bis 1,4 Promille führten gar zu einer Erhöhung der Zahl der Fahrfehler um etwa 95 %. Wer Fahrfehler macht, kann Unfälle herbeiführen. 1999 ereigneten sich 28 350 Unfälle, die auf den Einfluss von Alkohol zurückgehen. Dabei wurden 38 110 Personen verletzt, 1 114 starben. Unter den in Alkoholunfälle verwickelten Personen sind besonders viele junge Menschen.

Andere gesundheitsschädigende Wirkungen treten erst nach wiederholtem, langandauerndem Alkoholmissbrauch auf. Besonders betroffen ist die Leber, Ort des Abbaus von Alkohol. Es kommt zur Fettablagerung und somit zur Vergrößerung und Verhärtung der Leber. Später gehen vermehrt Leberzellen zu Grunde, die Leber verkleinert sich zur *Schrumpfleber*. Wird dieser Prozess nicht rechtzeitig erkannt und gestoppt, stellt die Leber ihre Funktion ein. Nur eine Lebertransplantation bietet dann eine Überlebenschance. Durch wiederholten Alkoholmissbrauch werden auch die anderen Organe wie Herz, Bauchspeicheldrüse, Magen und die Nieren geschädigt. Hohe Alkoholkonzentrationen, wie sie bei einem Vollrausch erreicht werden, schädigen in besonderem Maße das Nervensystem. Nervenzellen sterben ab und werden nicht ersetzt. Das hat vielfältige Folgen. Gedächtnisinhalte können nicht mehr im gewünschten Umfang abgerufen werden, die Auffassungsgabe ist eingeschränkt, die Aufmerksamkeit lässt nach und das Zusammenspiel der Muskeln ist nicht mehr so fein abgestimmt wie bei ei-

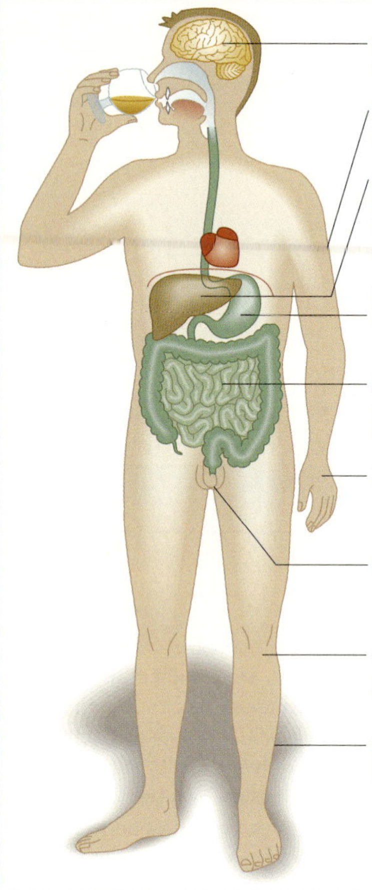

5 Schädigende Wirkungen des Alkohols – der ganze Körper ist betroffen

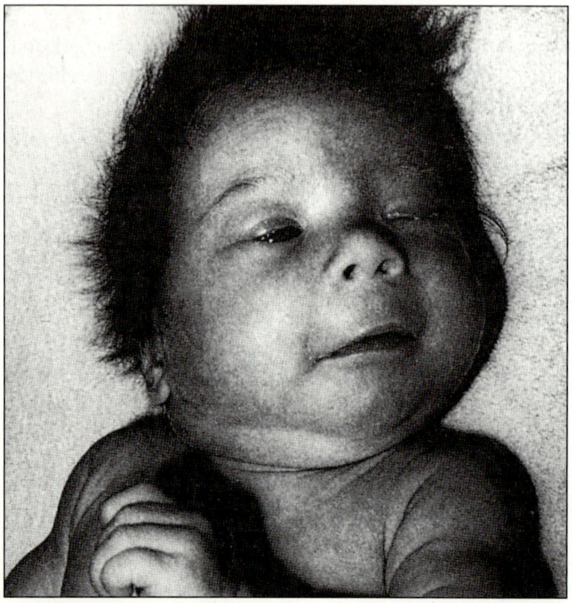

6 Schwer geschädigtes Kind einer chronisch alkoholkranken Frau

nem Gesunden. Nach langen Jahren des Alkoholmissbrauchs verändert sich die Persönlichkeit des Alkoholkranken.

Besonders problematisch ist der Alkoholkonsum während der Schwangerschaft. Alkohol gelangt ungehindert aus dem Blutkreislauf der Mutter durch den Mutterkuchen zum Ungeborenen. Dort kann es zu Störungen der geistigen und körperlichen Entwicklung kommen. Schon eine geringe Menge Alkohol täglich während der Schwangerschaft führt bei den Kindern später zu einem verminderten Intelligenzquotienten. Körperlich sind sie allerdings gesund. Nehmen werdende Mütter größere Mengen Alkohol pro Tag zu sich, haben ihre Kinder ein deutlich geringeres Geburtsgewicht als Kinder von Müttern, die während der Schwangerschaft keinen Alkohol konsumierten. Starker Alkoholmissbrauch in der Schwangerschaft kann zu schwerwiegenden körperlichen und geistigen Schädigungen bei den Kindern führen. Schwangeren wird daher dringend geraten, gänzlich auf alkoholische Getränke zu verzichten.

Deutsche Hauptstelle gegen die Suchtgefahren
Arbeiterwohlfahrt
Deutsches Rotes Kreuz
Anonyme Alkoholiker
Blaues Kreuz Deutschland e.V.
Guttempler in Deutschland
Selbsthilfe junger Suchtkranker

7 Ansprechpartner für Alkoholkranke (Auswahl)

A7 Ermittle Anschriften und Telefonnummern von Ansprechpartnern für Alkoholkranke.

A8 Nenne fünf Gründe, die für einen Verzicht auf alkoholische Getränke sprechen.

A9 Nenne Gründe, die ins Feld geführt werden können für die Entscheidung, gemäßigt Alkohol zu konsumieren.

A10 Warum ist auch der gefährdet, der sich für einen gemäßigten Alkoholkonsum entscheidet?

A11 Wie kann man einen Menschen unterstützen, der auf alkoholische Getränke verzichten will?

A12 In welchen Lebenssituationen sind Menschen besonders alkoholgefährdet?

Der Promille-Wert lässt sich berechnen

Praktikum

Die *Blutalkoholkonzentration* wird in ‰ (Gramm pro Kilogramm) angegeben. Eine Blutalkoholkonzentration von 0,5 ‰ sagt aus, dass 0,5 g Alkohol in 1000 g Blut gelöst sind. Nach folgender Gleichung lässt sich die Blutalkoholkonzentration (BAK) errechnen:

$$BAK = \frac{\text{Masse getrunkenen Alkohols (g)}}{\text{Körpermasse (kg)} \times K} \quad \text{(Gleichung 1)}$$

K = Korrekturfaktor (für Frauen: 0,6; für Männer: 0,7)

Die Masse des getrunkenen Alkohols m_A (in g) errechnet sich aus dem Volumen des alkoholischen Getränks (V_A), der Dichte des Alkohols von 0,8 g/ml und dem Alkoholgehalt des alkoholischen Getränks (Vol.%) nach folgender Gleichung:

$$m_A = \frac{V_A \cdot 0{,}8 \cdot \text{Vol \%}}{100}\ \text{g} \quad \text{(Gleichung 2)}$$

Der so erhaltene Wert wird in die Gleichung 1 eingesetzt.

Beispiel: Timo geht mit Bettina um 23.00 Uhr in die Disco. Im Laufe des Abends trinkt er 5 „kleine Bier" (je 0,2 l), zum Abschluss noch 0,02 l Cognac. Bettina begnügt sich mit 1 Glas Sekt (0,1 l). Im Laufe des Abends treffen sie auf Tom, der ebenfalls 5 kleine Bier zu je 0,2 l und dann 1 Glas Cognac zu sich nimmt. Zusätzlich trinkt er 5 Tassen Kaffee: „Das macht mich wieder munter."

A1 Welchen Blutalkoholgehalt haben Timo, Bettina und Tom, als sie gegen 01.00 Uhr in ein Taxi steigen? Timo: 70 kg Körpergewicht, Bettina: 55 kg Körpergewicht, Tom: 65 kg Körpergewicht.

A2 Timo muss um 06.00 Uhr mit seinem Motorroller zu seiner Arbeitsstätte fahren. Welchen Blutalkoholwert hat er zu dieser Zeit (der Blutalkoholwert verringert sich durch Abbauvorgänge um 0,1 ‰ pro Stunde)? Darf er die Fahrt mit seinem Motorroller antreten?

A3 Tom behauptet: „Eigentlich hätte ich mir das Taxigeld sparen und stattdessen mit meinem Moped nach Hause fahren können". Nimm dazu Stellung!

Trinkgenuss ohne Alkohol

Praktikum

Kiwi on the rocks (für 6 Personen)
Zutaten: 3 Kiwis, 125 ml Ananassaft, 125 ml Orangensaft, 125 ml Zitronensaft, 350 ml Ginger Ale, Eiswürfel, Zucker
Zubereitung: Die Kiwis schälen, in dünne Scheiben schneiden und zusammen mit den Säften in ein ca. 1 l fassendes Gefäß geben. Dann die Mischung mit Zucker abschmecken (nicht zu süß!) und sie für mindestens 3 Stunden in den Kühlschrank stellen. Vor dem Servieren Ginger Ale und Eiswürfel hinzugeben.

Kirsch auf Kuh (für 4 Personen)
Zutaten: 500 ml Sauerkirschnektar, 300 ml Milch, 4 Esslöffel Honig, 100 ml Schlagsahne, 20–40 g Schokoladenstreusel, 4 Stangen Borkenschokolade, 4 Trinkhalme
Zubereitung: Mithilfe eines Quirls Kirschnektar, Milch und Honig verquirlen, in Trinkgefäße füllen und für 2–3 Stunden in den Kühlschrank stellen. Die Schlagsahne steif schlagen und mit den Schokoladenstreuseln verrühren. Dann auf die Kirschmilch eines jeden Trinkgefäßes ein Sahnehäubchen geben und in dieses Häubchen je eine Stange Borkenschokolade stecken.

V1 Bereite die Getränke zu und trinke mit deinen Freunden.

A1 Warum werden auf Partys alkoholfreie Getränke selten oder überhaupt nicht angeboten?

A2 Nenne Argumente, die für Partydrinks ohne Alkohol sprechen.

1 Zigaretten – nichts für Sportler

4 Zigaretten – am Automaten käufliche Drogen

Sportler verzichten aufs Rauchen, weil es ihre Kondition beeinträchtigt. Viele Inhaltsstoffe des Zigarettenrauchs wirken sich auf die körperliche Leistungsfähigkeit aus. **Kohlenstoffmonooxid** verbindet sich mit dem roten Blutfarbstoff Hämoglobin. Nun kann er weniger Sauerstoff aufnehmen und zu den Muskeln transportieren. **Nikotin** bewirkt, dass viele Blutkapillaren enger gestellt werden. Dadurch wird die Durchblutung vermindert und der Blutdruck steigt. **Teerstoffe („Kondensat")** lagern sich in der Lunge ab. Dadurch steht für den Gasaustausch weniger Raum zur Verfügung. Man ist dann kurzatmiger. Zusätzlich werden die mikroskopisch dünnen Flimmerhärchen in den Bronchien durch die Gifte im Zigarettenrauch gereizt und können den Schleim nicht mehr abtransportieren. Die Schleimansammlungen müssen ausgehustet werden. So entsteht der *Raucherhusten.* Auf den Schleimrückständen vermehren sich Bakterien, was zu *Lungenkrankheiten* führt. Langjährige Reizung von Lungenzellen durch Teerstoffe führt häufig zu *Lungenkrebs.*

Der erhöhte Blutdruck bewirkt, dass viele Raucher an *Kreislauferkrankungen* leiden und an einem *Herzinfarkt* oder *Schlaganfall* sterben.

Viele Raucher behaupten: „Ich rauche gern – was ist denn schon dabei?" Es gibt auch tatsächlich solche **Genuss-** und **Gelegenheitsraucher,** die nach einem üppigen Essen oder in Gesellschaft eine Zigarre oder Zigarette rauchen, ansonsten aber kein Verlangen danach spüren. Die Mehrheit der Raucher jedoch raucht jeden Tag ein bis zwei Päckchen Zigaretten. Sie sind **Gewohnheits-** oder **Suchtraucher.** Sie sind abhängig. Dafür ist das Nikotin verantwortlich. Die Zigarettenindustrie musste in Prozessen in den USA sogar zugeben, dass sie die abhängig machende Wirkung durch Zusatzstoffe noch verstärkt. Auch „Light"-Zigaretten lösen das Problem nicht, da abhängige Raucher dann mehr Zigaretten rauchen, um auf ihre Nikotin-Dosis zu kommen.

Fast alle Raucherinnen und Raucher haben schon ein- oder mehrmals versucht, mit dem Rauchen aufzuhören. Nur wenigen gelingt es. Sogar nach *Entziehungskuren* in Kliniken beträgt die *Rückfallquote* oft weit über 50 %. Häufig gelingt das Aufhören erst nach dem Herzinfarkt, nach der Amputation eines nicht mehr durchbluteten Fußes oder „Raucherbeins", oder nach der Entfernung des Kehlkopfes bei Kehlkopfkrebs. Inzwischen weiß man auch: Je früher ein Kind oder Jugendlicher mit dem Rauchen beginnt, desto später wird er damit aufhören. Junge Gehirne sind am lernfähigsten, auch bei der Drogenwirkung.
Selbst wenn jemand nicht selbst raucht, wird er durch **„Passivrauchen"** geschädigt, in schlecht gelüfteten Räumen oder im Auto fast eben so stark wie der Raucher selbst. Auch das ungeborene Kind „raucht" im Mutterleib kräftig mit. Dies führt häufig zu schweren Schädigungen. Die sich entwickelnden Organe des Embryos und des Fetus benötigen viel Sauerstoff. Das Gehirn ist besonders empfindlich, wenn sich die Nervenzellen teilen und vernetzen.

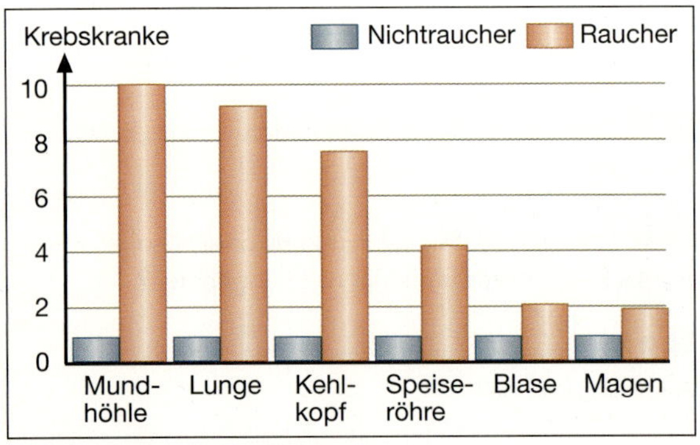

2 Krebsrisiko beim Rauchen

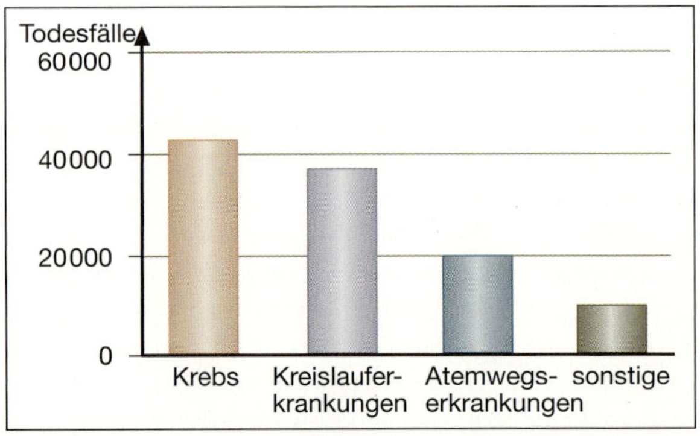

3 Tabakbedingte Todesfälle in Deutschland pro Jahr

4 Plakat gegen das Rauchen

A1 Notiere, was dir zu Abbildung 4 einfällt.

A2 Pro Jahr sterben über 100 000 Menschen in Deutschland an den Folgen des Rauchens. Rechne aus, wie viele Menschen das an jedem Tag sind.

A3 Führt eine Befragung durch, in der ihr in mehreren Klassenstufen fragt,
a) wann Schüler zum ersten Mal Zigaretten probiert haben und aus welchem Grund,
b) wie viele Zigaretten sie täglich/in der Woche rauchen und aus welchem Grund,
c) ob ihre Eltern rauchen,
d) ob sie später mit dem Rauchen aufhören wollen und ob sie dies schon einmal versucht haben.
e) Stellt fest, ob es dabei Unterschiede zwischen Mädchen und Jungen gibt.

A4 Auf jeder Zigarettenpackung ist der Gehalt an „Kondensat" (Teer) im Zigarettenrauch angegeben. Errechne, wie viel Teer ein Raucher, der ein Päckchen täglich raucht, in jedem Jahr einatmet.

A5 Wie viel Geld gibt eine Schülerin im Monat aus, die täglich ein Päckchen Zigaretten raucht?

A6 Die Tabaksteuer ist die viertwichtigste Einnahmequelle des Staates.
a) Diskutiert die Behauptung: „Der Finanzminister ist der größte Dealer Deutschlands".
b) Welche Folgekosten des Rauchens entstehen für den Staat?
c) Wäre es besser Zigaretten zu verbieten? Wer finanziert dann die Folgen des Rauchens? Diskutiert diese Fragen ausführlich.

Praktikum

Versuche zum Rauchen

V1 Die Rauchmaschine

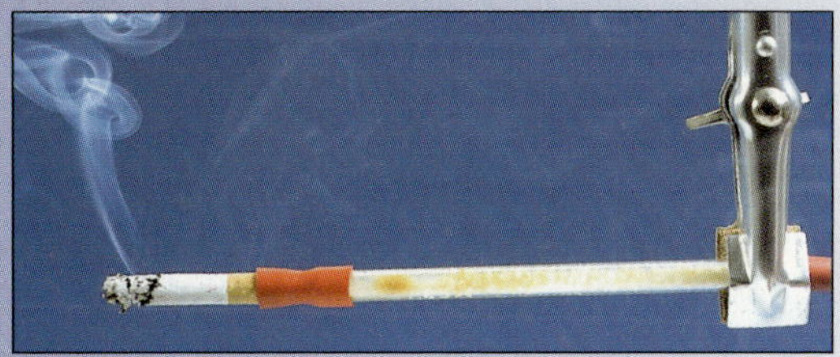

Material: Zigarette, Glasröhrchen, Schläuche, Watte, Natriumchlorid, Wasserstrahlpumpe, Stativmaterial; Becherglas, Benzin (oder Heptan)
Durchführung: Fülle das Glasröhrchen mit Natriumchlorid und verschließe es auf beiden Seiten locker mit Watte. Baue die Rauchmaschine entsprechen der Abbildung luftdicht zusammen. Entzünde die Zigarette bei schwachem Unterdruck und „rauche" möglichst langsam. Löse dann das Natriumchlorid in einem kleinen Becherglas mit Wasser vollständig auf. Stelle Geruch und Aussehen fest.
Aufgabe: Prüfe mit wenig Benzin, ob die gefärbten Stoffe sich darin lösen (Probe auf Teer).

V2 Filterwirkung

Material: 2 Zigaretten, Papiertaschentücher
Durchführung: Den Versuch darf nur ein Raucher durchführen! Er umwickelt den Filter der Zigarette mit einem Stück Papiertaschentuch und raucht sie durch das Papier hindurch. Danach raucht er ebenso eine filterlose Zigarette.
Aufgabe: Vergleiche die Färbung der beiden Papierstücke und des geöffneten Zigarettenfilters. Erkläre deine Beobachtungen.

V3 Wirkung des Rauchens auf Hauttemperatur, Puls und Blutdruck

Material: Zigarette, Digitalthermometer (kein Fieberthermometer), Pulsmesser für Sportler, Blutdruckmessgerät (mit Stethoskop und Manschette)
Durchführung: Die Versuchsperson soll mindestens einen Tag lang nicht geraucht haben. Stecke den Messfühler des Thermometers zwischen zwei Finger und umwickle diese mit Klebeband. Lege Pulsmesser und Manschette an. Miss Temperatur und Puls ca. 5 min lang, bis sie konstant bleiben. Nun raucht die Person eine Zigarette. Notiere alle 15 s Temperatur und Puls, bis die Werte wieder auf Ausgangsniveau sind. Bestimme den Blutdruck am Anfang und Ende des Versuches.
Aufgabe: Zeichne die Kurven. Erkläre.

5 Illegale Drogen

Wer gewohnt ist, Zigaretten zu rauchen, hat geringere Hemmungen, auf einer Party einen Joint mitzurauchen. Jugendliche, die schon Alkohol getrunken haben, kennen Bewusstseinsveränderungen. Sie fallen eher auf Versprechungen herein, dass LSD wunderbare Rauschzustände erzeugt. Wer als Kind lernte, dass es für jede Unpässlichkeit ein Medikament gibt, glaubt, dass Ecstasy das Heilmittel für seine Probleme ist.
Damit hat man schon den Schritt von der *legalen* Droge zu den *illegalen Drogen* vollzogen. Alkohol, Zigaretten und Tabletten sind die Einstiegsdrogen für die illegalen Drogen. Die Trennung ist gesellschaftlich und historisch bedingt und nicht nur abhängig von ihrer Wirkung und Gefährlichkeit.
Jährlich 2000 Tote durch illegalen Drogenkonsum stehen fast 40 000 Lungenkrebstoten und je ca. 80 000 Toten durch Schlaganfall und Herzinfarkt gegenüber, was oft durch Nikotin und Alkohol verursacht wird.
Drogen beeinflussen das Gehirn. Meist verändern sie die Signale zwischen den Nervenzellen. Dadurch können **Halluzinationen** entstehen, die von Sinnestäuschungen bis zu Wahnideen reichen. Oft hängt es von der momentanen seelischen Verfassung des Drogenbenutzers ab, ob er die Droge glücklich machend oder als „Horrortrip" erlebt.

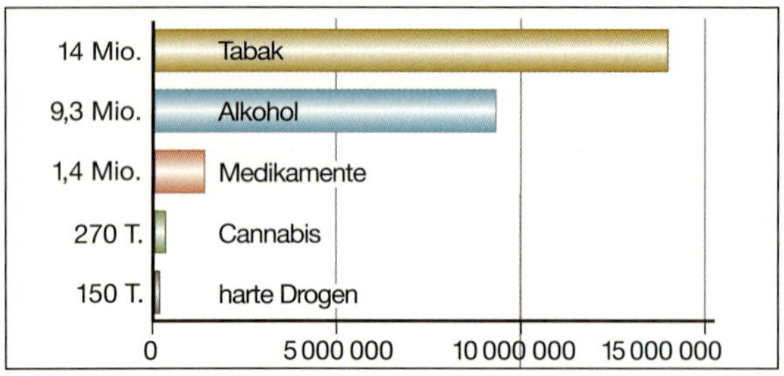

1 Drogenabhängige in Deutschland

A1 Nenne Gemeinsamkeiten und Unterschiede zwischen legalen und illegalen Drogen.

A2 a) Vergleiche die Anzahl der Abhängigen von legalen und illegalen Drogen.
b) Warum kann es sich dabei nur um Schätzungen handeln?

A3 Diskutiert, ob synthetische Drogen gefährlicher sind als „natürliche". Nehmt S. 33 zu Hilfe.

Eine Drogenabhängige berichtet

Exkurs

In dem Buch „Wir Kinder vom Bahnhof Zoo" beschreibt Christiane F. ihren ersten Heroingebrauch:

„... Dann kam es aber unheimlich schnell. Meine Glieder wurden wahnsinnig schwer und waren gleichzeitig ganz leicht. Ich war irrsinnig müde, und das war ein unheimlich geiles Gefühl. Die ganze Scheiße war mit einem Mal weg. Kein „It is too late" mehr. Ich fühlte mich so toll wie noch nie. Das war am 18. April, einen Monat vor meinem 14. Geburtstag. Ich werde das Datum nie vergessen.
... Mir machte es jetzt nichts mehr aus, allein zu sein. Ich fand es unheimlich cool, allein zu sein. Ich war wahnsinnig stark. ... Astrid kam, sah mich an und fragte sofort: „Mensch, bist du auf H?" Astrid war zu der Zeit meine beste Freundin. Ich rastete trotzdem aus, als sie so dämlich fragte. Ich schrie: „Hau ab, Mensch. Mach, dass du weg kommst." Ich wusste nicht, warum ich so ausflippte.
... Ich hatte Durst und holte mir einen Kirschsaft. ... Der Kirschsaft rumorte wie wild in meinem Bauch, und ich musste mich übergeben. Ich kotzte im Gehen. Mir machte das überhaupt nichts aus. Die anderen beiden schienen es gar nicht zu bemerken.
Ich fühlte mich wie in einer tollen neuen Familie. ... Das H machte uns zu Geschwistern. Wir waren alle gleich. Ich hätte meine geheimsten Gedanken verraten. Nach den miesen Wochen vorher meinte ich nun, noch nie so glücklich gewesen zu sein. Ich schlief ... bis zwei Uhr mittags. Ich spürte ein wahnsinniges Jucken überall. Ich zog mich nackend aus und kratzte mich mit der Haarbürste. Ich kratzte mich blutig, vor allem an den Waden. Mich irritierte das nicht. Ich wusste, dass Fixer sich kratzen."
Im Herbst, als Christiane zum ersten Mal das Geld für ihre Heroin-Abhängigkeit durch Prostitution verdient hat, sagt sie zu ihrem Freund:
„Es ist schon alles ganz schön ausweglos. Weißt du, als wir noch auf Tabletten und Hasch waren. Da haben wir uns total frei gefühlt. Wir waren total unabhängig. Keinen Menschen und nichts haben wir gebraucht. So haben wir uns gefühlt. Jetzt sind wir ganz schön abhängig."

A1 Christiane äußert mehrfach Gefühle.
a) Versuche sie jeweils zu erklären.
b) Wie hat sie sich wohl jeweils vorher gefühlt?

A2 Christiane belügt sich selbst. Finde die Lügen und entlarve sie.

Exkurs

Aus Pflanzen gewonnene Drogen

Marihuana: Getrocknete braune Blätter *(Gras)*, **Haschisch:** braunes bis schwarzes Harz *(Shit)* der indischen Hanfpflanze **(Cannabis)**; wird mit Tabak vermischt in Pfeifen oder in selbst gedrehten Zigaretten als *Joint* geraucht *(kiffen)*; auch als Tee oder in Gebäck.
Wirkungen: Verstärkung und Veränderung von Sinneswahrnehmungen (Halluzinationen); Verschiebung des Realitätsbewusstseins, manchmal Angstzustände, seelische Abhängigkeit.

Kokain *(Koks, Schnee)*: aus Blättern des Koka-Strauches gewonnene Droge, weißes Pulver, wird durch ein Röhrchen in die Nase eingeatmet, damit es über die Nasenschleimhaut schnell vom Blut aufgenommen wird. **Crack:** Gelbliche Brocken, billige verunreinigte chemische Vorstufe des Kokains, wird geraucht.
Wirkungen: nur kurzzeitig, was zu häufigerem Gebrauch verführt: sofort stark aufputschend, Selbstüberschätzung, Sinnestäuschungen, Hemmungslosigkeit; Langzeitgebrauch führt zu Depressionen, Halluzinationen, Verfolgungswahn; Verfall der Persönlichkeit, starker körperlicher Verfall, Gehirnschäden; macht hochgradig abhängig.

Heroin (*H*, eɪtʃ): Das aus dem Saft des Schlafmohns gewonnene **Opium** wird chemisch zu **Morphin** und zu Heroin umgewandelt. Pulver, das unter Erhitzen, meist im Löffel, aufgelöst und in eine Vene gespritzt wird *(fixen)*. Das Heroin ist mit anderen Stoffen verdünnt *(gestreckt)*, da es in reiner Form tödlich wirkt.
Wirkungen: schmerzstillend, beruhigend bis übersteigert glücklich, manchmal verängstigend, übersteigertes Selbstbewusstsein, extreme psychische und physische Abhängigkeit schon nach kurzem Gebrauch, da beim Absinken des Heroingehalts im Gehirn schmerzhafte Entzugserscheinungen auftreten. Gefahr von Venenentzündung, AIDS und Hepatitis bei Benutzung gebrauchter Spritzen; bei längerem Gebrauch Wahnideen, Vereinsamung, körperlicher und geistiger Zerfall; Tod durch Überdosierung *(goldener Schuss)*. Fast alle Drogentoten sterben an Opiaten, auch an der „Ersatzdroge" **Methadon.**

Exkurs

Synthetische Drogen, Designerdrogen

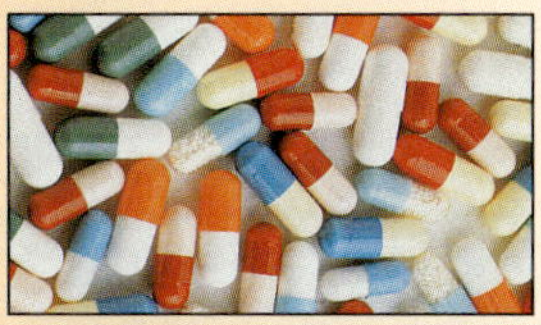

Amphetamin *(Speed)*: Pulver, Kapseln, Lösung auf Zuckerstückchen oder Papier, Paste.
Wirkungen: aufputschend, Euphorie, kurzzeitig leistungssteigernd, aber durch rasche Gewöhnung Dosissteigerung und Dauerkonsum; Halluzinationen, macht schnell seelisch abhängig.

LSD: auf Papier oder Würfelzucker getropfte Lösung oder kleine Tabletten *(Trip)*.
Wirkungen: sehr starkes Rauschmittel: Sinnestäuschungen (Halluzinationen), Euphorie, Horrortrip; rasche Gewöhnung des Gehirns an die Droge führt zur Dosissteigerung; bei Langzeitgebrauch Veränderungen der Persönlichkeit.

Ecstasy *(XTC)*: Tabletten, „Partydroge"
Wirkungen: Aufputschmittel, steigert die körperliche Leistungsfähigkeit, macht schmerzunempfindlich, ermöglicht stundeslanges Tanzen bei „Technopartys"; hinterher Erschöpfungszustände bis totaler Zusammenbruch, Gedächtnis- und Gehirnschädigungen als Langzeitwirkung.

Projekt

Aktiv gegen Suchtgefahren

Rollenspiele

Anleitung für die Rollenspiele: Zu Beginn sollen die Ausgangssituation und die Rollen (Personen) festgelegt werden. Den maximal 5 Spielerinnen und Spielern schauen die anderen zu und äußern hinterher ihre Beobachtungen und Meinungen oder spielen die Szene neu. Dauer einer Szene: 5–10 Minuten.
Folgende Ausgangssituationen eignen sich: (In Klammern sind Alternativen genannt).
1. Auf einer Geburtstagsparty (In der Diskothek) weigert sich ein Junge (Mädchen) Alkohol zu trinken (zu rauchen; einen Joint mitzurauchen; eine Ecstacy-Tablette zu probieren).
2. Der Vater (Die Mutter) holt die 14-jährige Tochter (den Sohn) abends von einer Party (Diskothek) ab und bemerkt, dass sie getrunken und geraucht hat.
3. Am darauf folgenden Abend sehen die Eltern fern (haben Gäste), rauchen und trinken alkoholische Getränke. Die Tochter (der Sohn) macht dazu Bemerkungen.
4. Die Mutter bittet den Arzt, Tabletten zu verschreiben, da ihr Sohn (ihre Tochter) sich in der Schule und bei den Hausaufgaben schlecht konzentrieren kann und die Noten katastrophal sind.
5. Der Sohn (die Tochter) nimmt in der Schule diese Tabletten, Mitschüler beobachten dies, er (sie) erklärt es.
6. Ein Junge (Mädchen) sagt auf einer Party, dass er (es) Angst hat, von Zigaretten (Alkohol) abhängig zu sein, weil er (sie) versucht hat aufzuhören und es nicht schaffte.
7. Ein Schüler wird auf einer Klassenfahrt ertappt, einem Mitschüler 10 € gestohlen zu haben. Er ist starker Raucher und sagt, er habe kein Taschengeld mehr und brauche es für Zigaretten.

Mein privates Konsumprotokoll

1. Schreibe eine Woche lang auf, wie du mit „Genussmitteln" umgehst: was, wie viel, bei welcher Gelegenheit, wann. Denke dabei an Süßigkeiten, Fernsehen, Computerspiele, Internetsurfen, Chatten, Telefonieren, Kaffee, Cola-Getränke, Zigaretten, Alkohol usw.
2. Besprich die Liste mit einer Freundin oder einem Freund und vergleicht eure Listen.
3. Überlegt, ob ihr gefährdet seid, von einem Konsumverhalten abhängig zu werden, und was ihr dagegen tun könntet.

Die Situation an unserer Schule

1. Entwickelt Fragen für einen Fragebogen, mit dem ihr eure Mitschülerinnen und Mitschüler befragt:
– Geschlecht,
– Alter,
– weitere Fragen z. B. in A3 auf S. 31.
Achtet darauf, dass bei Befragung, Auswertung und Darstellung die Anonymität der Befragten gewahrt bleibt und dass ihre Würde nicht verletzt wird.
2. Fragt nach weiteren Suchtmitteln oder Suchtverhalten, z. B. Telefonieren, Computerspiele, Glücksspiele, Alkohol, Medikamente.
3. Wertet die Fragebögen aus und stellt die Ergebnisse übersichtlich dar.

Was denken die anderen? (Fragebogen-Aktion)

1. Entwerft einen Fragebogen (höchstens 2 Seiten lang), mit dem ihr untersuchen könnt, was andere über Drogen denken, z. B. über Ursachen, Ausmaß, Gefährlichkeit von Drogengebrauch, Arten und Wirkungen von Drogen, wie man mit Drogenabhängigen umgehen soll usw. Der Fragebogen kann sich richten an: (gleich alte, ältere, jüngere) Mitschüler, Eltern, Passanten in der Fußgängerzone und deshalb unterschiedlich sein.
2. Führt die Befragung durch und wertet sie aus.
3. Stellt die Ergebnisse übersichtlich auf einer Pinnwand dar.

Die stärkste Werbung

1. Sammelt Werbeanzeigen aus Zeitschriften.
2. Entwerft selbst Werbeanzeigen oder Plakate
a) für Zigaretten,
b) für alkoholische Getränke,
c) gegen Zigaretten,
d) gegen alkoholische Getränke,
e) für *und* gegen andere Genuss- und Suchtmittel (Schokolade, Süßigkeiten, Drogen usw.).
3. Wertet die gesammelten und eure eigenen Anzeigen aus:
a) Welche Eigenschaften der Mittel, für die geworben wird, werden betont?
b) Welche Wünsche, Gefühle und Stimmungen der Kunden werden angesprochen?

Projekt

Schützen uns Gesetze?

1. Schreibt aus dem Jugendschutzgesetz die Artikel ab, die sich mit Alkohol, Zigaretten, Anwesenheit bei öffentlichen Veranstaltungen (z. B. Diskothek) befassen und stellt das Wichtigste übersichtlich dar.
2. Vereinbart einen Termin mit der zuständigen Abteilung der örtlichen Polizei und befragt sie, wie die Einhaltung des Jugendschutzgesetzes in der Praxis funktioniert. Wo liegen die Grenzen der polizeilichen Möglichkeiten?
3. Fragt ebenfalls, wie die Einhaltung des Betäubungsmittelgesetzes in der Praxis überwacht werden kann. Wo liegen Grenzen der polizeilichen Möglichkeiten?
4. Stellt die Ergebnisse eurer Recherche knapp dar.

Die Drogen-Situation in unserer Stadt

Recherchiert bei Polizei, Drogenberatungsstelle, Caritas, AOK, Lokalredaktion der Zeitung, Gesundheitsamt, wie die Situation in eurer Stadt ist.

Mögliche Untersuchungen:
a) Gibt es eine erhebliche Rauschgiftkriminalität?
b) Wie viele Polizeibeamte stehen speziell hierfür zur Verfügung? Gibt es ein eigenes Dezernat?
c) Gibt es „Streetworker"?
d) Welche unterschiedlichen Aufgaben und Möglichkeiten haben Streetworker und Polizisten?
e) Haben Polizei und Drogenberatungsstellen unterschiedliche Einschätzungen der Situation?

Internet-Recherche „Drogen und ihre Wirkung"

Sucht im Internet mit unterschiedlichen Suchmaschinen Informationen über Drogen, Drogentote in den letzten Jahren, Wirkungen von Alkohol und Nikotin, Maßnahmen der Regierung gegen Drogen, Hilfen für Abhängige usw.

Wichtige Adressen:
www.dhs.de www.bmgesundheit.de
www.bzga.de www.bka.de

Glossar

Abhängigkeit: körperlich (physisch) oder seelisch (psychisch) bedingte Unfähigkeit, auf eine Droge oder ein Suchtverhalten zu verzichten
Alkoholismus: Alkoholkrankheit mit physischer und psychischer Abhängigkeit von Alkohol
Alkoholmissbrauch: übermäßiger, gesundheitsschädlicher Alkoholkonsum
Blutalkohol: Alkoholkonzentration im Blut (in Promille)
Bulimie: Ess-Brechsucht
Cannabis: Hanfpflanze, aus der Drogen wie Haschisch und Marihuana gewonnen werden
Designerdroge: neuartige synthetische Droge
Drogen: Substanzen, die auf das Nervensystem einwirken und Stimmungen, Bewusstsein und Wahrnehmungen beeinflussen
Einstiegsdroge: Droge, deren Gebrauch dazu verleiten kann, noch gefährlichere Drogen einzunehmen
Endorphine: körpereigene Substanzen im Gehirn, die Wohlbefinden erzeugen und Schmerzen dämpfen
Entzugserscheinungen: unangenehme bis unerträgliche Wirkungen, die bei Abhängigen nach Absetzen der Droge (Entzug) auftreten
Essstörung: krankhaftes, suchtartiges Essverhalten wie Esssucht, Ess-Brechsucht (Bulimie) und Magersucht
Halluzination: Sinnestäuschung, Wahnidee
illegale Drogen: gesetzlich verbotene Drogen wie Haschisch, Marihuana, Heroin, Kokain, Crack, Ecstasy u. a. synthetische Drogen
Kondensat: krebserzeugende Teerstoffe im Zigarettenrauch
legale Drogen: nicht verbotene Drogen wie Koffein, Nikotin, Alkohol, bestimmte Medikamente
Nikotin: Sucht erzeugende Substanz im Tabakrauch, eines der stärksten natürlichen Gifte
Opiate: Drogen aus Schlafmohn wie Opium, Morphium, Heroin, Kodein, die ähnliche Wirkungen wie Endorphine hervorrufen
Passivrauchen: Einatmen von Tabakrauch durch Nichtraucher, in kleinen Räumen, z. B. im Auto, besonders gefährlich
Synthetische Droge: Droge, die vollständig auf chemischem Wege hergestellt wird

Gesundheit – bedroht von Viren, Bakterien und Pilzen

1 Verlauf einer Grippeerkrankung

Gestern hatte Timo es in der Zeitung gelesen: „Grippewelle rollt über Deutschland", lautete die Schlagzeile. Weitere Einzelheiten hatten ihn nicht interessiert. Nun ist er selbst betroffen. Er verspürt die ersten Anzeichen einer **Grippeerkrankung.** Wiederholt muss er husten, seine Augen tränen und er fühlt sich irgendwie matt. In den Folgestunden verschlechtert sich sein Zustand. Er leidet unter Schüttelfrost. „Du hast Fieber. Da musst du schnell einmal deine Körpertemperatur messen", rät seine Mutter. Beim Fiebermessen zeigt das Thermometer 39 °C. Sechs Stunden später sind es 39,8 °C. Dieser Anstieg der Körpertemperatur bis auf Werte von über 40 °C ist typisch für eine Grippevirusinfektion. Weitere Beschwerden können hinzukommen: Kopf-, Glieder- und Rückenschmerzen. Etwas später treten Symptome auf, die auf eine Beeinträchtigung der Luftwege hinweisen: Halsschmerzen, Heiserkeit, heftiger Reizhusten, Schmerzen hinter dem Brustbein, starker Schnupfen. Nach etwa vier bis acht Tagen lassen die Beschwerden nach, das Fieber sinkt. Der Patient fühlt sich noch etwas geschwächt und benötigt weitere vier bis sechs Tage, um sich völlig zu erholen. Bei einem ungünstigen Krankheitsverlauf allerdings, zu dem auch eine zu frühe Belastung beiträgt, kann es zu Komplikationen kommen: Lungenentzündung, Hirnhautentzündung, Entzündung des Ohrbereichs, Herz-Kreislauf-Schäden. Timo hat sich angesteckt. Vor fünf Tagen saß er neben einem Mädchen, das wiederholt nieste, hustete und über Schüttelfrost klagte. Durch Husten, Niesen oder Sprechen gelangen die Erreger der Grippe mit ganz kleinen Flüssigkeitströpfchen in die Luft. Andere Menschen atmen diese Tröpfchen mit den Grippeerregern ein und stecken sich an. Mit spricht daher auch von einer *Tröpfcheninfektion.* Die Betroffenen merken von der Ansteckung zunächst gar nichts. Erst nach mehreren Stunden oder gar erst nach einigen Tagen treten die ersten Symptome auf. Man bezeichnet diese Zeit vom ersten Kontakt mit den Erregern bis zum Ausbruch der Krankheit als *Inkubationszeit.* Auch während der Inkubationszeit können Infizierte andere Menschen anstecken.

Eine Grippeerkrankung wird durch *Influenza-Viren* verursacht, man spricht auch von Grippe-Viren. **Viren**

Grippewelle rollt über Deutschland

tfg. **Isenburg.** Im Gespräch mit dem Leiter des Gesundheitsamtes wird das Ausmaß der drohenden Grippewelle deutlich: „Die Epedemie hat ihren Ursprung im südlichen Korea. Man bezeichnet den Erreger daher als Korea-Virus. Er ist im Verlaufe mehrerer Wochen in Richtung Westen vorgedrungen. Zurzeit sind viele Bewohner im südlichen Sachsen infiziert. Die dortigen Ärzte berichten von besonders heftigen Erkrankungen mit hohem Fieber, schmerzhaft entzündeten Atemwegen. In vielen Betrieben ist häufig nur noch die Hälfte der Arbeitnehmer anwesend, in einigen Schulen haben Schüler und Schülerinnen grippefrei, zu viele Kinder und Jugendliche sind erkrankt. Er hat schon Todesfälle gegeben. Besonders Kleinkinder und alte Menschen sind gefährdet." Auf die Frage, wie man sich schützen könne, antwortet der Mediziner: „Für Kleinkinder und alte Menschen empfehlen wir eine Grippeschutzimpfung. Eine gesunde Lebensführung mit einer ausgewogenen, vitaminreichen Ernährung, viel Bewegung an frischer Luft sind eine gute Voraussetzung dafür, dass man von einer Grippeerkrankung verschont bleibt…".

1 Wieder eine Grippewelle

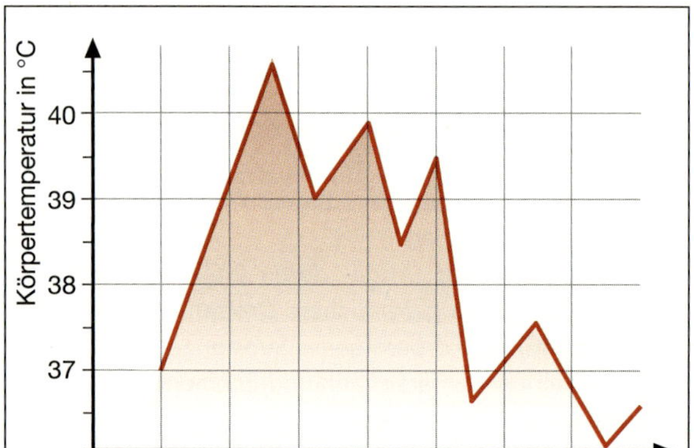

2 Fieberkurve eines Grippekranken

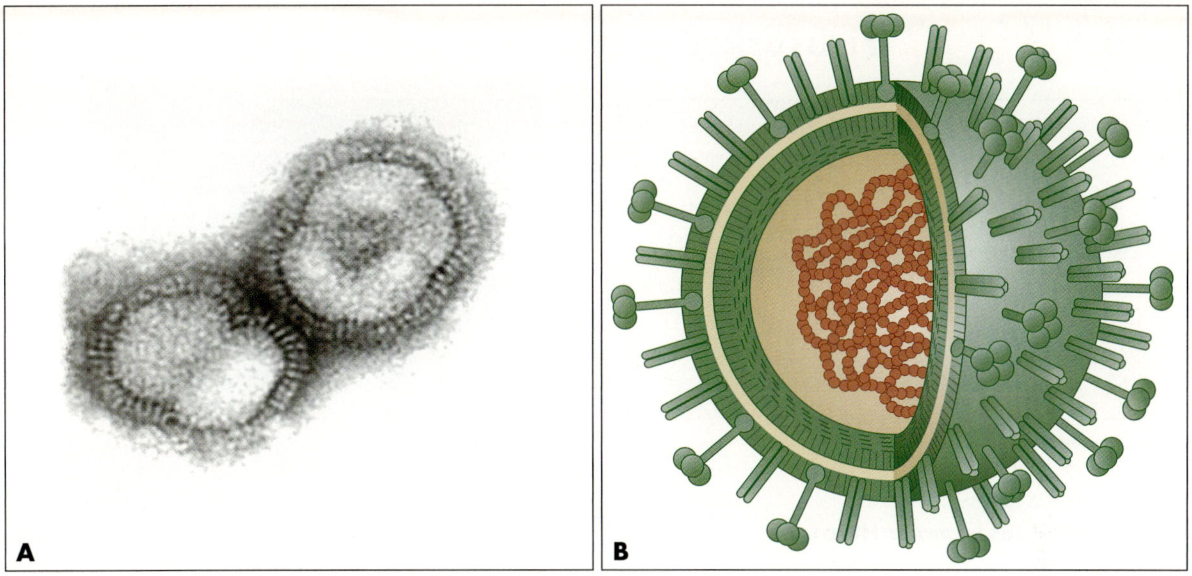

3 Grippe-Virus. A Elektronenmikroskopische Aufnahme; ***B*** Schema

sind noch kleiner als Bakterien, ihre Größe reicht von 0,02 µm bis 0,7 µm (1 µm = 1/1000 mm). Deshalb sind sie nur mithilfe eines Elektronenmikroskops zu erkennen. Sie sind einfach aufgebaut. Im Innern enthalten sie Erbsubstanz. Diese ist umgeben von einer Eiweißhülle. Bei einigen Viren kommt eine umhüllende Membran hinzu. In der Membran stecken „Noppen". Diese sind für jede Virusart charakteristisch. Viren können sich nicht selbst fortpflanzen und haben auch keinen eigenen Stoffwechsel. Sie können z. B. ihre Eiweißhülle nicht selbst aufbauen und sind deshalb auf eine *Wirtszelle* angewiesen (s. Abb. 4).

Der Grippe-Virus befällt vor allem Schleimhautzellen in der Nase und in den Bronchien. Allmählich werden immer weniger Zellen neu befallen, die Zahl der Grippe-Viren im Körper nimmt ab. Dem Patienten geht es besser. Wie kommt es dazu? Schon nach dem ersten Kontakt mit den Grippe-Viren reagiert das **Immunsystem** des Körpers. Die Viren werden identifiziert, d. h. anhand ihrer Noppen als Grippe-Viren erkannt. Bestimmte Zellen des Immunsystems greifen infizierte Zellen an und vernichten sie. So werden innerhalb weniger Tage alle Viren vernichtet, der Patient ist gesund. Den Kampf des Immunsystems gegen Grippe-Viren kann man durch eine *Grippeschutzimpfung* unterstützen. Diese Impfung muss rechtzeitig vor der Infektion vorgenommen und jährlich wiederholt werden.

A1 Nenne fünf Symptome einer Grippeerkrankung.

A2 1–3% der Grippeerkrankungen verlaufen tödlich. Nenne mögliche Gründe dafür.

A3 Was unterscheidet Viren von Bakterien?

A4 Beschreibe die Vermehrung von Viren (Abb 4).

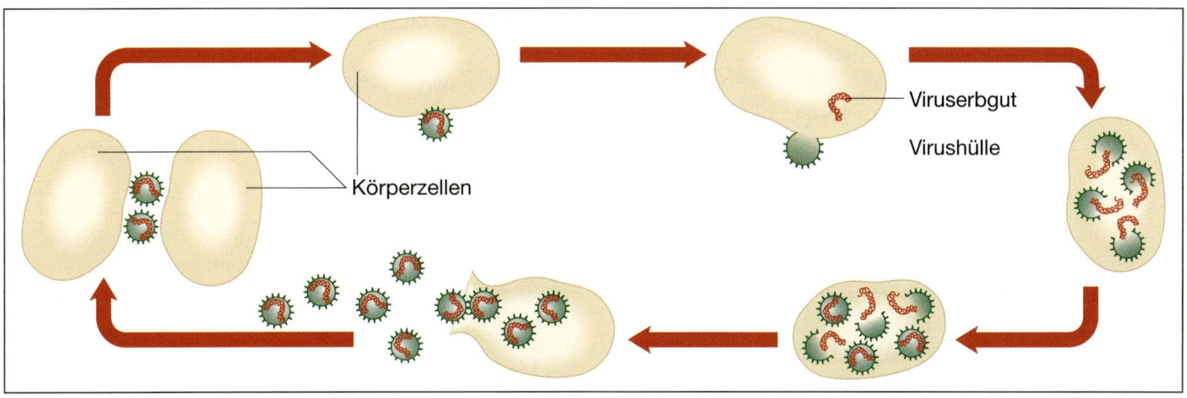

4 Vermehrung von Viren

Exkurs

Viruserkrankungen

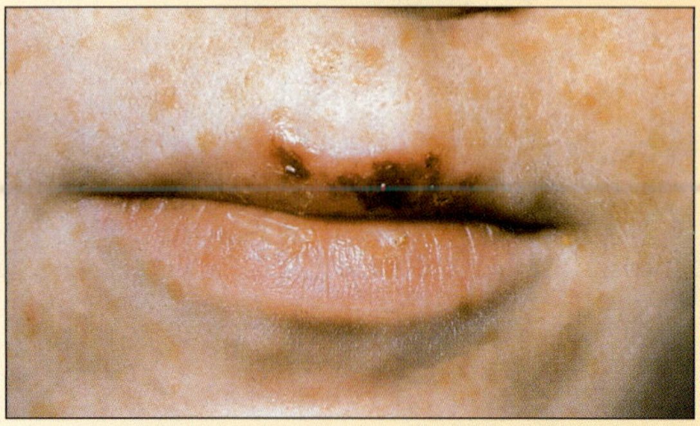

1 Lippenherpes

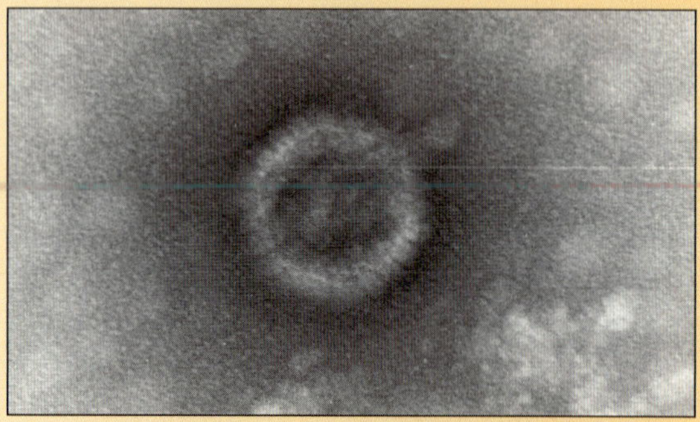

2 Herpes-Virus

Einmal Herpes – immer Herpes!

Herpesviren sind eine Familie von Viren, die beim Menschen verschiedene entzündliche, ständig wiederkehrende Erkrankungen auslösen kann. Sind sie einmal im menschlichen Körper, wird er sie nie wieder los.

Etwa 90% der Menschen haben sich bereits im Kindesalter mit **Lippenherpes** angesteckt, ohne es zu bemerken. Bei vielen verursacht dieses Virus auch im späteren Leben keine Beschwerden. Bei einigen Menschen jedoch führen schon geringe Beeinträchtigungen der Immunabwehr zu einem Ausbruch der Erkrankung: Im Lippenbereich kommt es zu einer schmerzhaften Schwellung und Rötung, bis sich flüssigkeitsgefüllte „Fieberbläschen" bilden. Sie platzen auf und heilen unter Krustenbildung ab. Herpes-Geplagte fühlen sich entstellt und leiden unter ihrem Aussehen: „Es ist wie verhext, jedesmal, wenn ich mich vor etwas ekle, spüre ich kurz darauf ein verräterisches Kribbeln. Stunden später sind die Bläschen da."

Der Erreger der **Windpocken** gehört ebenfalls zu den Herpes-Viren. Auf der Haut bilden sich wassergefüllte Bläschen, die stark jucken können. Wenige Menschen erkranken später an einer Zweiterkrankung durch dasselbe Virus: der **Gürtelrose.** Dies ist eine schmerzhafte Erkrankung der Hautnerven. Gürtelrose-Patienten können Kinder anstecken, die dann aber Windpocken bekommen.

Das **Pfeiffersche Drüsenfieber** ist eine weitere Erkrankung, die durch Viren der Herpes-Familie ausgelöst wird. Es wird hauptsächlich durch Küssen übertragen. Das Virus vermehrt sich in den Zellen von Mundhöhle, Zunge und Speicheldrüsen. In diesem Stadium verursacht die „Kusskrankheit" kaum Beschwerden, ist aber sehr ansteckend. Später breitet sich das Virus bei einigen Patienten auf die Lymphknoten aus, infiziert die weißen Blutkörperchen und zerstört sie. Die Erkrankten haben nun die typischen Symptome des Pfeifferschen Drüsenfiebers: hohes Fieber, Hals- und Kopfschmerzen, angeschwollene Lymphknoten im Hals. Nach 2–3 Wochen klingen die Beschwerden ab. Das Pfeiffersche Drüsenfieber kann aber auch chronisch verlaufen. Das Virus hält sich lebenslang im Körper auf und kann sich immer dann vermehren, wenn das Immunsystem geschwächt ist. Meist bleibt das Pfeiffersche Drüsenfieber dann unerkannt, weil die Betroffenen unter ganz unterschiedlichen Beschwerden leiden. Manche haben ständige Halsschmerzen und grippeähnliche Symptome. Eine andere Gruppe geht wegen Gleichgewichtsstörungen und Ohrgeräuschen zum Arzt. Einige Patienten leiden unter unkontrollierbarem Zittern der Haut oder starken Depressionen. Allen Erkrankten ist gemeinsam, dass sie ihre Beschwerden monate-, manchmal jahrelang haben. Sie fühlen sich abgeschlagen, ständig müde und können teilweise ihren Alltag nicht mehr bewältigen.

A1 Erkundige Dich bei Betroffenen, unter welchen Bedingungen der Lippenherpes ausbricht. Was kann man dagegen unternehmen?

A2 Wie wird Lippenherpes übertragen?

A3 Erkläre die Besonderheit des Windpocken-Erregers.

A4 Welche Faktoren können die Immunabwehr des Körpers schwächen? Warum begünstigt dies eine Virusvermehrung?

A5 Warum ist die chronische Verlaufsform des Pfeifferschen Drüsenfiebers schwer zu diagnostizieren?

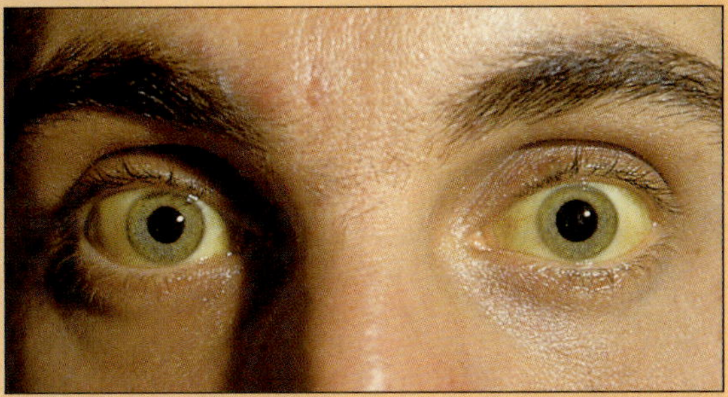

3 Auge eines Patienten mit akuter Hepatitis

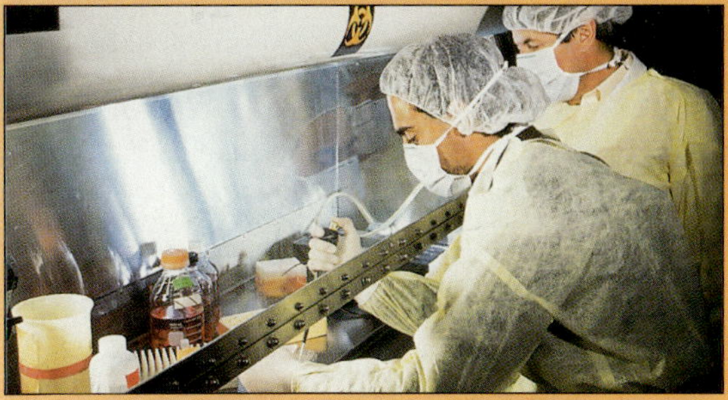

4 Labor mit der höchsten Sicherheitsstufe

Hepatitis – die Alphabetkrankheit

Hepatitis ist eine Entzündung der Leber. Man nennt die Erkrankung auch *Gelbsucht,* weil sich bei einem Drittel der Kranken die Haut und die Bindehaut am Auge gelb färbt. Die Verfärbung wird von einem Abbauprodukt des roten Blutfarbstoffs verursacht. Aufgrund der Leberschädigung wird er nicht mehr zersetzt und folglich vermehrt ins Blut geschwemmt.

Hepatitis A wird fast immer durch mit Fäkalien verseuchte Nahrung bzw. Wasser übertragen. Ein Erkrankter muss auf Sauberkeit achten. Die Ansteckung anderer mit Hepatitis-A-Viren geschieht meist über Darmausscheidungen. Sie lässt sich durch gründliches Händewaschen nach jedem Toilettengang vermeiden.

Hepatitis B und C: Diese Viren kommen vor allem im Blut vor und sind sehr ansteckend. Ein Stich mit einer Spritzennadel eines Erkrankten reicht aus, um sich zu infizieren. Viren im Sperma bzw. Vaginalsekret gelangen beim Geschlechtsverkehr durch kleine Wunden oder die Schleimhaut in den Körper eines gesunden Menschen. Ungeborene Kinder können sich noch im Mutterleib oder bei der Geburt anstecken. Im Gegensatz zur Hepatitis A geht bei einem Teil der Hepatitis B- und C-Erkrankten die akute Leberentzündung in eine chronische Form über. Bei einigen Betroffenen führt dies zur Schrumpfleber, zu einem allmählichen Ausfall der Leberfunktionen und zu Leberkrebs. Gegen Hepatitis B gibt es eine vorbeugende Impfung, gegen Hepatitis C noch nicht.

A6 Hepatitis A wird als eine „Reisekrankheit" bezeichnet. Nenne Speisen, die Gefahrenquellen darstellen.

A7 Wieso kann die Benutzung von Kondomen vor der Ansteckung mit Hepatitis B oder C schützen?

Ebola – eine Seuche aus dem Urwald?

Es fängt an wie eine Grippe: Halsschmerzen, Fieber, Kopfweh, Durchfall. Dann schnellt das Fieber hoch. Das Blut läuft aus allen Körperöffnungen, so schnell, dass Infusionen den Blutverlust nicht mehr ausgleichen können. Austretendes Blut gerinnt nicht mehr und ist hochinfektiös. Die Erkrankten können nicht genügend Antikörper gegen die sich explosionsartig vermehrenden **Ebola-Viren** bilden. Niere und Leber versagen. Zwei Wochen nach Ausbruch der Krankheit sind die meisten Infizierten qualvoll gestorben. Eine wirksame Behandlung ist bislang nicht möglich. Auch eine Impfung existiert noch nicht. Das Ebola-Virus ist bisher nur in Afrika aufgetreten

Ein mit dem Ebola-Virus verwandtes Virus wurde 1967 mit Affen aus Uganda in wissenschaftliche Labors in Marburg eingeschleppt. Dieses *Marburg-Virus* löst wie das Ebola-Virus hohes Fieber und innere Blutungen aus. Wie Ebola-Viren stammen viele „neue" Krankheitserreger aus tropischen Regenwäldern. Einige Mediziner vermuten, dass viele Seuchen-Viren gar nicht neu entstanden sind, sondern womöglich seit einigen Jahrhunderten existieren. Erst durch das Eindringen des Menschen in unbewohnte Regionen werden sie zur Gefahr für den Menschen.
Gefährliche Viren werden in Sicherheitslabors untersucht. Der Untersuchende trägt einen Schutzanzug mit Überdruck, damit diese kleinsten Partikel nicht in den menschlichen Körper eindringen können.

A8 Diskutiert im Klassenverband, welche Rolle Massentourismus, Ausweitung neuer Städte in Afrika und die Zerstörung des Regenwaldes bei der Ausbreitung unbekannter Viren zukommen können.

A9 Wie lässt sich erklären, dass die meisten Infektionen in Afrika in den Krankenhäusern auftraten?

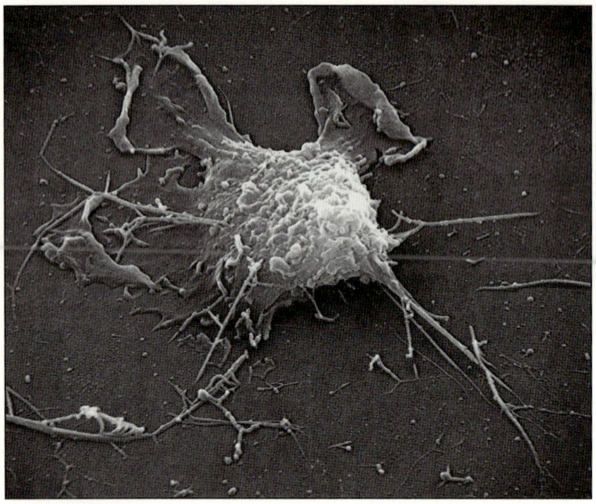

1 Fresszelle

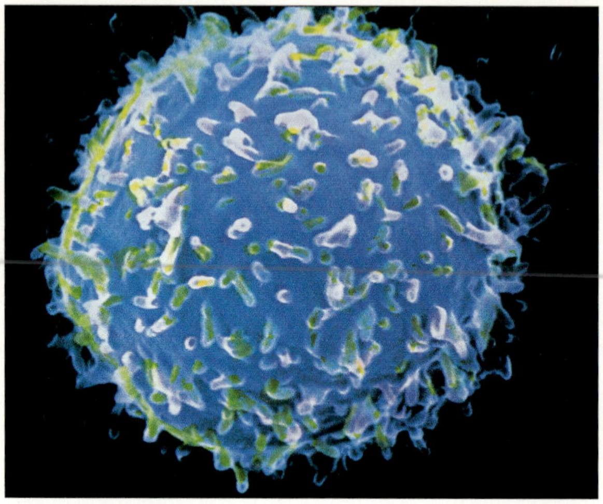

3 B-Lymphozyt

2 Immunsystem

Immer wieder gelangen Erreger wie Bakterien oder Viren in unseren Körper. Einige vermehren sich, andere werden von sogenannten **Fresszellen** vernichtet. Bei den Fresszellen handelt es sich um **weiße Blutkörperchen.** Sie können wie Amöben ihre Form ändern, die Blutkapillaren verlassen und sich in Zellzwischenräume zwängen. Stoßen sie auf einen Fremdkörper wie z. B. ein Bakterium, umfließen und verdauen sie es. Die Fresszellen sind nicht auf bestimmte Erreger spezialisiert. Daher nennt man ihr Wirken *unspezifische Abwehr.*

Werden die Fresszellen mit den eingedrungenen Erregern nicht fertig, greift das **Immunsystem** ein. Darunter versteht man die Zellen und Organe, die am Aufspüren und Vernichten von Erregern beteiligt sind. Das Immunsystem erkennt die Erreger an bestimmten Eiweißstoffen an ihrer Oberfläche, die man Antigene nennt. Fresszellen nehmen Erreger auf und bauen deren **Antigene** in ihre Zellmembran ein. Sie „präsentieren" die Antigene den **T-Helferzellen.** Diese gehören zu den **T-Lymphozyten,** einer Gruppe der weißen Blutkörperchen. Die T-Helferzellen geben Botenstoffe ab, dadurch werden andere T-Lymphozyten angeregt, sich zu vermehren und zu **T-Killerzellen** heranzureifen. Die T-Killerzellen suchen von dem speziellen Erreger befallene Wirtszellen auf und vernichten sie. Die T-Helferzellen geben gleichzeitig andere Botenstoffe ab. Dadurch werden die **B-Lymphozyten,** eine andere Gruppe der Lymphozyten, angeregt, sich zu vermehren, **Antikörper** zu bilden und ins Blut abzugeben. Antikörper sind Eiweißstoffe, die zu einem Antigen passen, wie die beiden Teile eines Druckknopfes zueinander. Sie haften aneinander, man spricht auch von einer **Antigen-Antikörper-Reaktion.** Ein Antikörper kann zwei Antigene binden. Antikörper können somit viele Erreger, die diese Antigene besitzen, verklumpen. Diese Klumpen werden von Fresszellen aufgenommen und verdaut. Im Zusammenwirken von Fresszellen, T-Helferzellen, T-Killerzellen und B-Lymphzyten kann also der Erreger bekämpft und die Krankheit überwunden werden.

Da sich diese Form der Abwehr gegen einen bestimmten Erreger richtet, spricht man bei der Immunreaktion von einer *spezifischen Abwehr.* Meistens erkrankt man nie wieder an einer so überstandenen Krankheit, man ist *immun* gegen sie. Dafür sind so genannte **Gedächtniszellen** verantwortlich. Dabei handelt es sich um Lymphozyten, die sich die Form der Antigene „gemerkt" haben. Bei einer erneuten Infektion mit dem

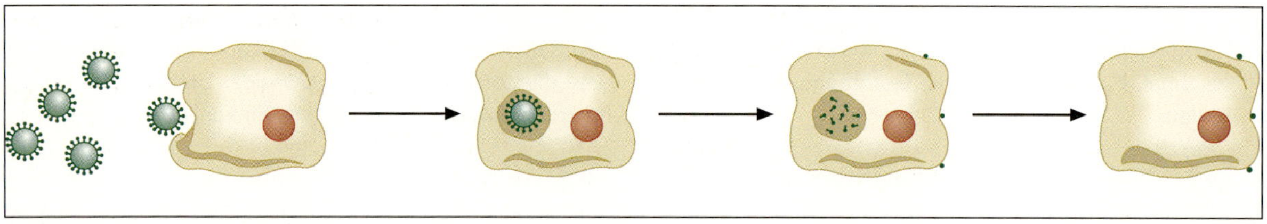

2 Fresszellen zerlegen einen Erreger und präsentieren die Antigene

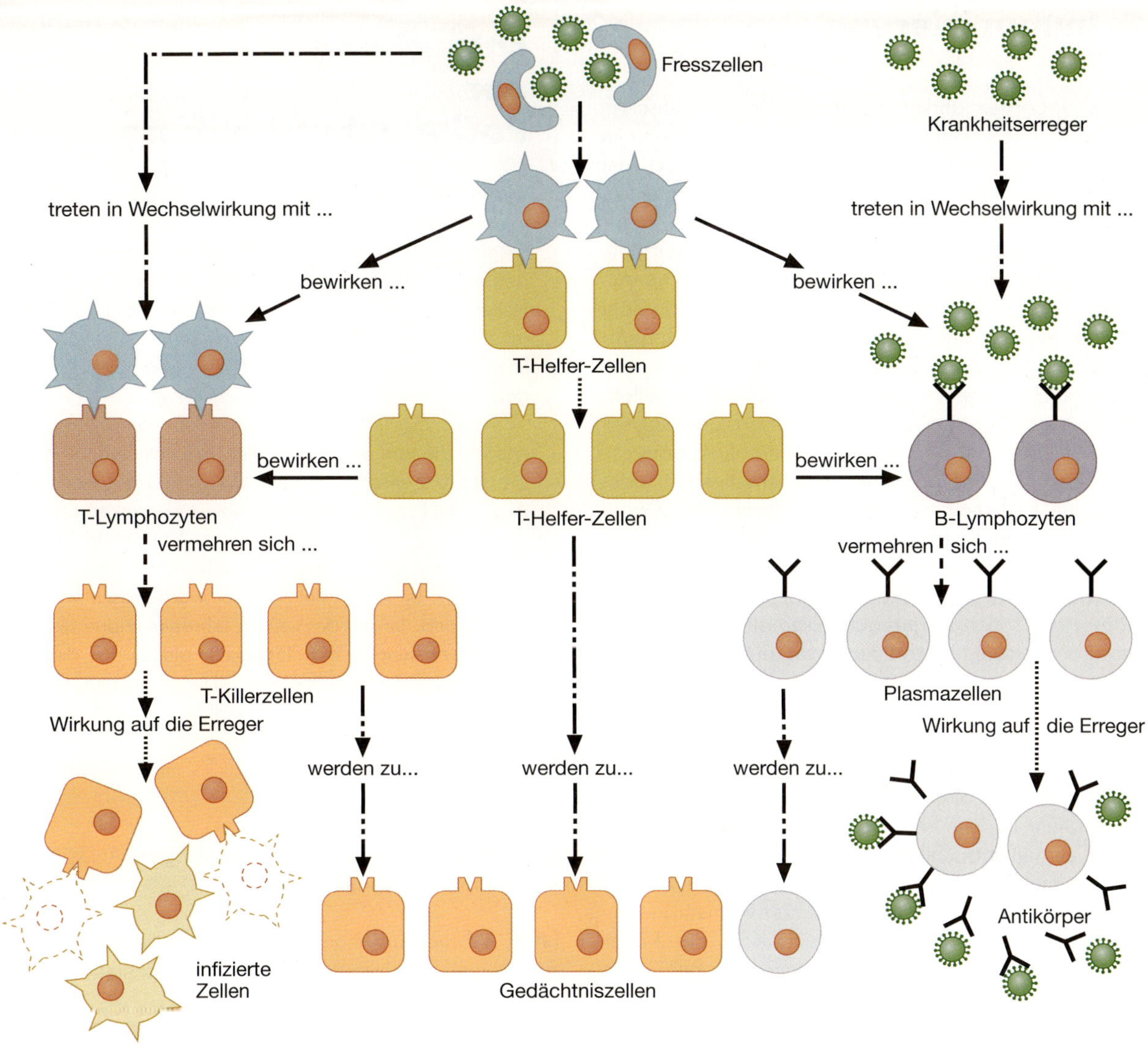

4 Das Immunsystem macht mobil

gleichen Erreger kann die Immunreaktion schneller anlaufen. Die **B-Gedächtniszellen** ermölichen eine rasche Bildung von Antikörpern. Die **T-Gedächtniszellen** sorgen dafür, dass gleich nach Eindringen der Erreger T-Helferzellen und T-Killerzellen in großer Zahl hergestellt werden. Die Immunreaktion findet zum größten Teil im Blut statt. Die dabei gebildeten Stoffe und Zellen werden durch das Blut zu den infizierten Organen gebracht. Deshalb kann man sein Immunsystem durch Kräftigung seines Kreislaufs unterstützen. Dazu sollte man Sport treiben und sich an frischer Luft bewegen. Auch gesunde Ernährung stärkt das Immunsystem.

A1 Nenne die weißen Blutkörperchen, die bei einer Infektionskrankheit eingreifen bzw. gebildet werden.

A2 Erläutere die Aufgaben von Fresszellen.

A3 Antikörper können sich an Antigene binden. Wie nennt man diese Reaktion? Welcher dieser Stoffe ist körpereigen, welcher körperfremd?

A4 Vergleiche die Art und Weise, wie T-Killerzellen und B-Lymphozyten Erreger bekämpfen.

A5 Erkläre, warum man in vielen Fallen immun ist, wenn man eine Infektionskrankheit überstanden hat.

A6 Wie könnte man erreichen, dass ein Mensch immun gegen eine Krankheit wird, ohne an ihr zu erkranken?

A7 Vergleiche spezifische und unspezifische Abwehr.

3 Immunisierung

Weltweit sterben jährlich mehrere Millionen Menschen an Infektionskrankheiten. Allein der Grippe fielen in den vergangenen Jahrzenten viele Menschen zum Opfer: 1918/1919 waren 20 Millionen Opfer zu beklagen, 1957 waren es 2,5 Millionen Tote, 1968 starben 2 Millionen. Daher haben Gesundheitspolitiker, Mediziner und Wissenschaftler energische Anstrengungen unternommen, um die erschreckende Zahl der Opfer von Infektionskrankheiten zu verringern. Das ist möglich durch **Schutzimpfungen.**

Dazu muss man einen geeigneten *Impfstoff* herstellen. Man isoliert die jeweiligen Krankheitserreger, Bakterien oder Viren. Sie werden durch Bestrahlung oder andere Methoden so abgetötet oder geschwächt, dass sie keine Krankheit mehr hervorrufen können. Dabei muss ihre Oberflächenbeschaffenheit, d. h. die Besonderheit ihrer *Antigene,* erhalten bleiben. Die so vorbehandelten Erreger werden bei der Impfung in den Körper des Patienten gebracht. Dies ist moglich durch Ritzen der Haut, Einspritzen oder auch durch eine Schluckimpfung. Das Immunsystem des Patienten reagiert auf den Erreger. Innerhalb weniger Tage oder Wochen bildet es *Antiköper,* die den Antigenen des Erregers entsprechen. In den *Gedächtniszellen* des Patienten wird die Struktur der Antigene abgespeichert. Der Patient ist *immun* gegen den geimpften Erreger. Wird er nun tatsächlich vom Erreger befallen, kann sein Immunsystem sofort reagieren und die Erreger vernichten, bevor sie sich massenhaft vermehren können. Bei dieser Form der Impfung trägt der Köper selbst zum Schutz gegen die Infektion bei. Man spricht daher von einer **aktiven Immunisierung.**

Ist jedoch eine Infektionskrankheit bereits ausgebrochen, so ist es für eine Schutzimpfimpfung zu spät. Man kann dem Patienten jedoch helfen, indem man ihm *Antiköper* gegen die Antigene des Erregers spritzt. Man spricht dann von einer **passiven Immunisierung.** Ein solches Serum mit Antikörpern gewinnt man dadurch, dass man einem Säugetier abgeschwächte Erreger injiziert. Das Tier reagiert darauf mit der Bildung von Antikörpem. Diese Antikörper werden aus dem Blut des Tieres isoliert.

Exkurs

Entdeckung der Pockenschutzimpfung

Der englische Arzt EDWARD JENNER (1749 bis 1823) war praktischer Arzt in Bristol. Ihm war wiederholt aufgefallen, das Menschen auf dem Lande nie an den tödlichen *Pocken* erkrankten, wenn sie sich früher einmal mit den relativ harmlosen *Kuhpocken* infiziert hatten. Kuhpocken sind eine Infektionskrankheit, die auch Kühe betrifft. JENNER hatte eine geniale Idee und setzte sie im Mai des Jahres 1796 in die Tat um. Er behandelte eine junge Magd, die an den Kuhpocken erkrankt war und die dafür typischen Pusteln auf ihrer Haut hatte. Aus einer Pustel entnahrn er etwas Flüssigkeit und impfte damit einen achtjährigen Waisenjungen. Dieser erkrankte erwartungsgemäß: er bekam leichtes Fieber, bildete Pusteln aus. Er wurde rasch wieder gesund. Im Juli des selben Jahres infizierte JENNER diesen Jungen mit Flüssigkeit, die er aus den Pusteln eines an Pocken erkrankten Patienten gewonnen hatte. Das Ergebnis war sensationell: Der Junge erkrankte nicht an Pocken.

A1 Erläutere,warum man eine Impfung mit Antikörpern passive Immunisierung nennt.

A2 Warum kann man nur bei einer aktiven Immunisierung von einer Schutzimpfung sprechen, nicht jedoch bei einer passiven Immunisierung?

A3 Nenne Gründe, die für Schutzimpfungen sprechen.

A4 Warum verwendet man bei Schuzimpfungen geschwächte oder abgetötete Erreger?

A5 Wie nennen wir heute die medizinischen Maßnahmen von JENNER?

A6 Äußere dich zu der Behauptung: „Die Antigene von Kuhpocken und Pocken sind einander sehr ähnlich."

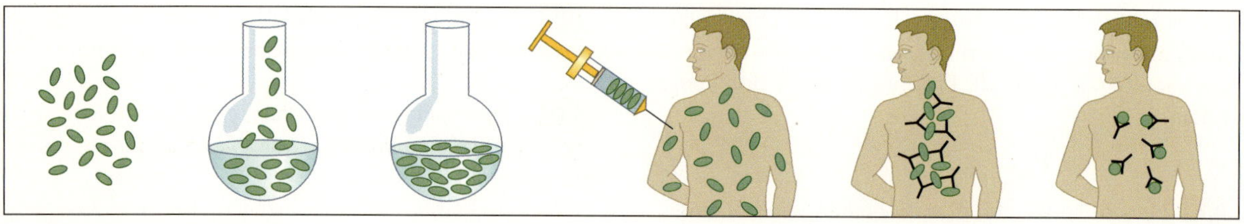

1 Aktive Immunisierung

4 Herstellung von Impfstoffen

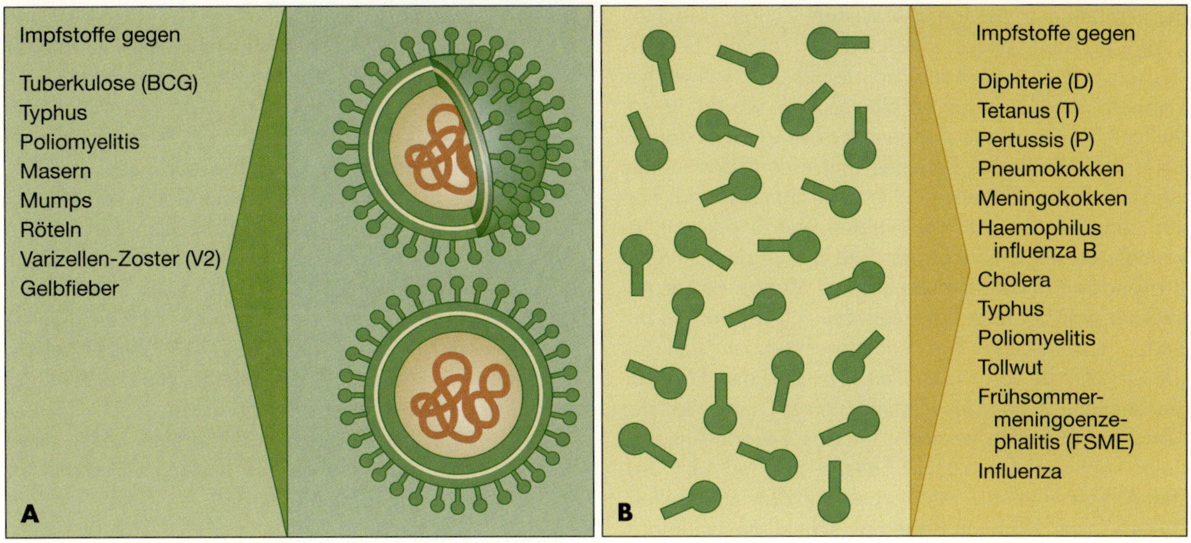

***1 Impfstoffherstellung. A** Lebend-Impfstoffe; **B** Tot-Impfstoffe*

Die Zahl der gebräuchlichen Impfstoffe für Schutzimpfungen ist auf über dreißig angestiegen. Nach Art der Herstellung unterscheidet man drei Impfstoffgruppen.
Lebend-Impfstoffe bestehen aus vermehrungsfähigen, *abgeschwächten* Bakterien oder Viren. So werden bei der Schutzimpfung gegen Masern abgeschwächte Masern-Viren gespritzt. Bei der Herstellung von Lebend-Impfstoffen muss sichergestellt sein, dass die Erreger so geschwächt sind, dass sie keine oder nur schwache Krankheitssymptome auslösen. Die Schwächung muss zudem dauerhaft sein. Es darf nicht passieren, dass einige Erreger sich verändern und wieder krank machen.
Tot-Impfstoffe werden aus inaktiverten (nicht mehr teilungsfähigen) Bakterien oder Viren oder aus *Teilen ihrer Hülle* hergestellt. Es ist wichtig, dass die Teile der Hülle die Antigene des Erregers tragen. Danach wird versucht, diese Antigene zu trennen. Durch ein solches Verfahren gewinnt man z. B. den Impfstoff für die Grippeschutzimpfung.
Gentechnologisch hergestellte Impfstoffe haben den Vorteil, dass sie nur die Antigene des Erregers enthalten. So bleiben unerwünschte Nebenreaktionen gegen andere Antigene des Erregers aus. Die Antigene werden nicht direkt aus den Erregern gewonnen, sondern z. B. von genmanipulierten Hefezellen hergestellt, so z. B. beim Impfstoff gegen Hepatitis-B. Gegen einige Erreger gibt es bis heute keine Impfstoffe, so z. B. gegen die Erreger von AIDS oder Malaria. Diese Erreger verändern ihre Antigene ständig. So überlisten sie das Immunsystem. In den Gedächtniszellen eines geimpften Patienten ist zwar die Struktur der „alten" Antigene des Erregers gespeichert, nicht jedoch die Struktur der neuen. Auch die Grippeviren verändern ihre Antigene. Daher wird jedes Jahr neu geimpft.

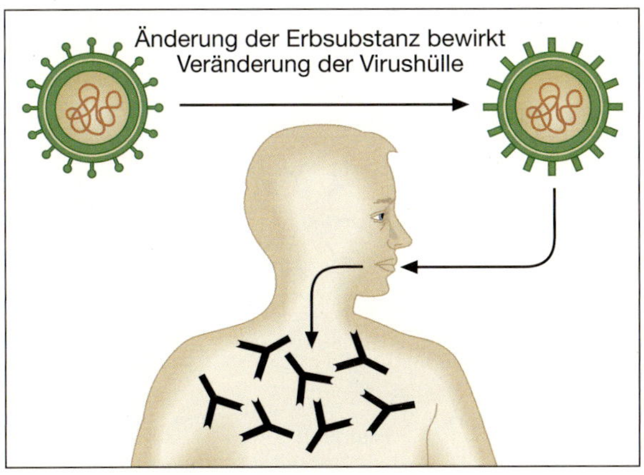

2 Der Grippe-Virus ist veränderlich

A1 Nenne und beschreibe die drei Herstellungsverfahren für Impfstoffe.

A2 Warum müssen einige Impfungen wiederholt werden?

A3 Ein nicht unerhebliches Impfrisiko sorgte über Jahre hinweg für Kritik an der Keuchhustenschutzimpfung. Inzwischen sind diese Probleme durch moderne Totimpfstoffe gelöst. Erkläre.

5 Allergien

Der Patient mit der geschwollenen Zunge berichtet: „Wenige Augenblicke, nachdem ich einige Selleriestückchen gegessen hatte, spürte ich ein schwaches Kribbeln in der Zunge. Meine Zunge wurde immer dicker." Wie ist diese Zungenschwellung zu erklären? Beim Erstkontakt des Patienten mit einem bestimmten Inhaltsstoff des Gemüses hatte sein Immunsystem normal reagiert. Das Sellerie-Antigen wurde erkannt, es vermehrten sich B-Lymhozyten, die die zu dem Antigen passenden Antikörper bildeten. Die Menge dieser Antikörper war bei dem Patienten deutlich größer als bei anderen Menschen. Die Antikörper setzten sich auf die Oberfläche von *Mastzellen.* Das sind den Fresszellen ähnliche Zellen des Immunsystems. Damit war der Körper empfindlich gemacht für das Sellerie-Antigen. Beim nächsten Kontakt mit Sellerie banden sich dessen Antigene an die Antikörper auf den Mastzellen. Diese wurden dadurch angeregt, schnell *Histamin* auszuschütten. Histamin bewirkte, dass sich die Blutgefäße in der Zunge erweiterten, mehr Blut in die Zunge floss und diese anschwoll. Man nennt eine solche Überempfindlichkeit des Immunsystems gegen Stoffe, die nomalerweise nicht krankmachend sind, **Allergie.** Der Stoff, auf den der Körper allergisch reagiert, heißt **Allergen.** Eine Allergie tritt meistens nicht sofort auf. Beim ersten Kontakt mit dem Allergen zeigen sich keine Auffälligkeiten. Deshalb bleibt die **Sensibilisierung,** bei der der Körper für das Allergen empfindlich gemacht wird, unbemerkt.

Es gibt deutliche Hinweise, dass die Neigung zu einer allergischen Reaktion erblich bedingt ist. Damit lässt sich jedoch nicht erklären, warum die Zahl der Allergiker in den letzten Jahren stark zugenommen hat. Es ist wahrscheinlich, dass die Veränderungen in unserer Umwelt und Verhaltensänderungen dafür mitverantwortlich sind. Allergien richten sich gegen sehr verschiedenartige Stoffe. Besonders häufig sind Allergien gegen Sporen von Schimmelpilzen, gegen Mikroorganismen, Hausstaubmilben, Pollen von Bäumen und Gräsern, Inhaltsstoffe von Nahrungsmitteln, Arzneimittel und Tierhaare. Wie kann Allergikern geholfen werden? Den Fehler im Immunsystem kann man nicht beheben. Die wirksamste Hilfe ist, das Allergen zu meiden. Der Fischallergiker verzichtet auf Fisch, der Katzenhaarallergiker verschenkt seine Katze, der Staubmilbenallergiker ersetzt den Teppichboden durch einen Belag, der feucht gewischt werden kann. Bei Heuschnupfen sollten zur Zeit der Gräserblüte Spaziergänge in freier Natur gemieden werden. Kann ein Allergiker „seinem" Allergen nicht aus dem Wege gehen, wird ihm der Arzt z. B. Antihistamine, die die Wirkung des Histamins aufheben, verschreiben. Auch Cortisol führt zu einer Linderung der Symptome. Weil diese Medikamente Nebenwirkungen haben, sollten sie nur in Notfällen eingenommen werden.

A1 Definiere das Wort Allergen.

A2 Nenne Kennzeichen einer Allergie.

A3 Wodurch unterscheiden sich Allergen und Gift?

A4 Nenne Maßnahmen, durch die Allergikern geholfen werden kann.

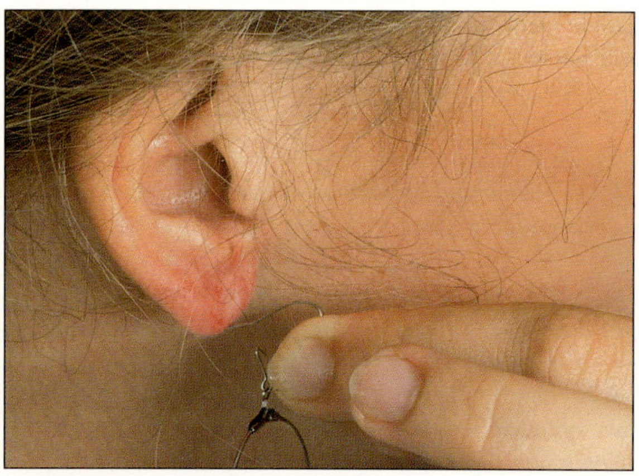

1 Nickelallergie durch Piercing

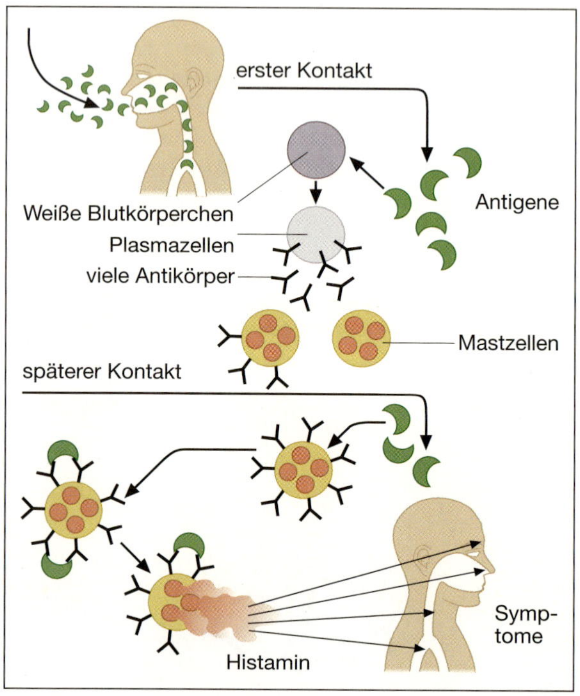

2 Immunsystem und Allergie

Exkurs

Heuschnupfen – eine allergische Reaktion

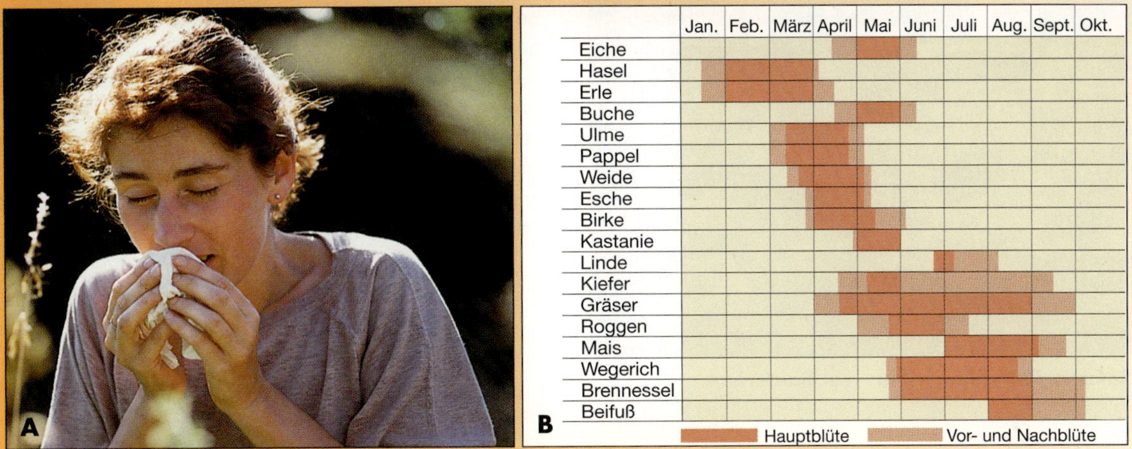

1 Heuschnupfen. A *Betroffene;* **B** *Pollenflugkalender*

Marcus und seine Mutter leiden seit 4 Wochen. Immer wieder Schnupfen und Niesen, Entzündung der Bindehaut in den Augen, verstopfte bzw. verengte Nasenhöhlen. Beide leiden unter **Heuschnupfen.** Heuschnupfen ist eine Allergie gegenüber Pollen von Gräsern, Sträuchern oder Bäumen. Welcher Pollen für die allergische Reaktion verantwortlich ist, lässt sich durch den *Prick-Test* klären. Der Arzt bringt mit einer Nadel das jeweilige Allergen in die Haut und somit näher an die Mastzellen heran. Nach einer bestimmten Zeit beobachtet man, ob sich eine Quaddel gebildet hat. Sie zeigt eine Allergie gegen das jeweilige Allergen an. Marcus und seine Mutter werden gegen Ende Mai von ihren Qualen erlöst sein. Beide reagieren allergisch auf den Pollen von Birken. Diese haben in der Zeit von Anfang April bis Mitte Mai ihre Hauptblüte, die dann übergeht in eine vierzehntägige Nachblüte. Danach ist nicht mehr mit Pollenflug von Birken zu rechnen.

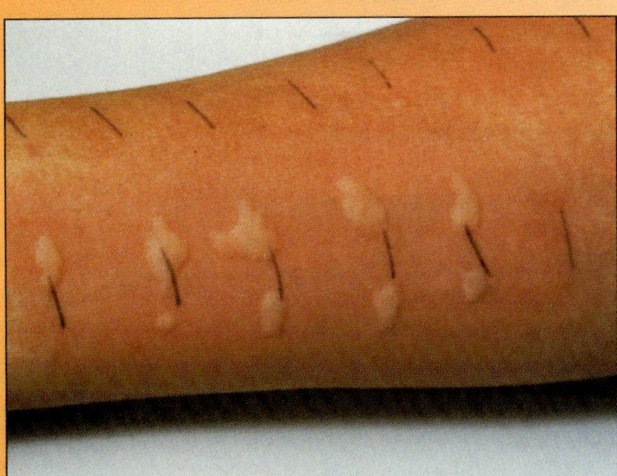

2 *Prick-Test*

Solche Daten kann man einem *Pollenflugkalender* entnehmen. In ihm sind die Blühzeiten vieler Pflanzen eingetragen.

Wie kann Pollenallergikern geholfen werden? Grundsätzlich gilt der Ratschlag: Meide das Allergen. In der Jahreszeit, in der die jeweilige Pflanze blüht und somit Pollen abgibt, sollte man z. B. Spaziergänge in Nähe der jeweiligen Pflanze, Schlafen bei offenem Fenster, sportliche Betätigung in freier Natur unterlassen. Hilfreich sind *Pollenflugvorhersagen,* die in Zeitungen veröffentlicht werden und über Telefon oder Internet abgerufen werden können. Sie geben Auskunft über Art und Heftigkeit des zu erwartenden Pollenflugs. Nicht ganz unumstritten ist die so genannte *Hyposensibilisierung.* Dem Patienten werden Allergenextrakte in steigender Konzentration injiziert. Das Immunsystem soll so angeregt werden zur vermehrten Bildung von Antikörpern, die sich dann mit dem Allergen verbinden, bevor diese an die Mastzellen andocken und die allergische Reaktion auslösen. Bei vielen Menschen äußert sich die Pollenallergie nicht nur durch Schnupfen, sondern auch durch Atemnot. Man spricht dann von **allergischem Asthma.** Dabei schwellen die Schleimhäute der Luftröhre und der Bronchien an, der Weg für die Atemluft verengt sich.

A1 Histamin erweitert die Blutgefäße und macht ihre Wände durchlässig für Flüssigkeit. Erkläre mit dieser Information einige Symptome des Heuschnupfens und die Quaddelbildung beim Prick-Test.

A2 Vergleiche die Ursachen beim Heuschnupfen mit denen bei einem Erkältungsschnupfen.

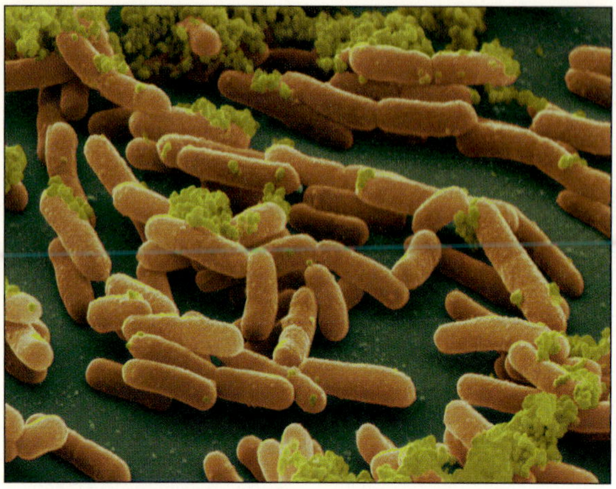

1 Salmonella typhimurium – ein Bakterium

6 Salmonellose – eine Bakterieninfektion

Heiße Sommertage, milde Abende: das richtige Wetter für ein Picknick im Freien oder eine Grillparty. Ungebetene Gäste können *Salmonellen* sein, denn die warme Jahreszeit bietet ideale Vermehrungsbedingungen für diese Krankheitserreger.

Salmonellen sind **Bakterien,** die nach dem Namen ihres Entdeckers Salmon benannt wurden. Sie kommen überall in der Umwelt vor. In feuchtwarmer, nährstoffreicher Umgebung, wie zum Beispiel im Darm von Tier und Mensch, fühlen sich Salmonellen am wohlsten. Aber auch in eiweißreicher Nahrung vermehren sie sich explosionsartig. Beimpft man ein rohes Ei mit Salmonellen, so weist dieses Ei nach 2 Tagen bei einer Temperatur von 28 °C schon 100 Millionen Salmonellen auf!
Verzehrt man mit Salmonellen verunreinigte Lebensmittel, kann es zur Infektion kommen. Die *Salmonellose* beginnt mit plötzlichen Bauchschmerzen und Durchfall, teilweise mit Blut im Stuhl, Fieber, Übelkeit, Erbrechen und Kopfschmerzen. Nach 2–3 Tagen lassen die Beschwerden meist wieder nach. Durch häufigen Stuhlgang und wiederholtes Erbrechen verliert der Körper mehr Flüssigkeit, als er zu sich nehmen kann. Es besteht die Gefahr der Austrocknung. Anzeichen für starkes Austrocknen sind: geringerer Harndrang, dunkel verfärbter Harn, trockene Zunge, rissige und trockene Haut. Für Kranke und kleine Kinder kann eine Salmonellose tödlich sein.
Salmonellen kommen vor allem in eiweißreichen Lebensmitteln mit hohem Wassergehalt wie Hackfleisch, Geflügel, Fisch, Meeresfrüchten, rohen Eiern, Majonäse, Speiseeis und Milchprodukten vor.

Damit sich Salmonellen in Lebensmitteln nicht explosionsartig vermehren, müssen die Lebensmittel richtig aufbewahrt und zubereitet werden. Im Kühlschrank bei niedrigen Temperaturen können sich Salmonellen nur langsam vermehren. Beim Backen und Braten werden die Krankheitserreger durch die hohe Temperatur abgetötet. Fleisch und Fisch müssen gut durchgegart sein. Sie dürfen nicht glasig aussehen. Mit geringen Mengen an Salmonellen wird das Immunsystem des menschlichen Körpers meist fertig, es kommt zu keiner Erkrankung.

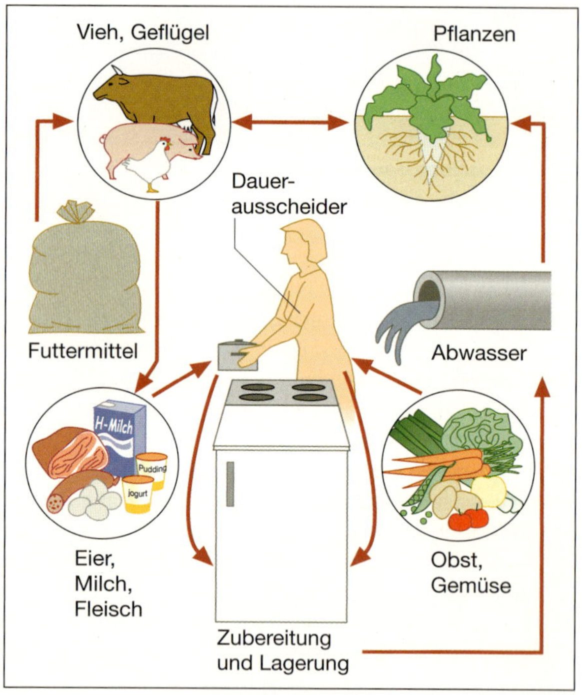

2 Salmonellen – Kreislauf der Übertragung

A1 Nach Angaben der Deutschen Gesellschaft für Ernährung ist zu 90 % falsches Verhalten im Umgang mit Lebensmitteln die Ursache für eine Salmonellose. Wie kann man eine Ansteckung mit Salmonellen vermeiden? Liste Verhaltensregeln auf.

A2 Beschreibe, wie Salmonellen übertragen werden.

A3 Überprüfe die Hinweise auf der Folie eines Tiefkühl-Hähnchens.

A4 Nach dem Bundesseuchengesetz muss der behandelnde Arzt eine Salmonellose dem Gesundheitsamt melden. Personen, die an Salmonellen erkrankt sind, dürfen während der Erkrankung beruflich nicht mit Lebensmitteln zu tun haben. Informiere dich beim Gesundheitsamt, für welche Berufsgruppen diese Einschränkung gilt.

Antibiotika im Schweinefutter

Frau starb wegen Schweinedopings

Nach dem Verzehr von Schweinefleisch erkrankte eine 62-jährige Frau an einer Salmonelleninfektion. In der letzten Woche starb die Frau, obwohl sie im Krankenhaus mit verschiedenen Antibiotika behandelt worden war. Wie sich herausstellte, war sie an Salmonellen vom Typ DT 104 erkrankt.
„Es gibt einen klaren Zusammenhang zwischen ihrem Tod und dem Schweinefutter", sagte ein Wissenschaftler vom staatlichen Serum-Institut in Kopenhagen. Das Tier war nachweislich mit antibiotikahaltigem Futter aufgezogen worden. Die dänischen Züchter zogen sofort Konsequenzen und verzichten in Zukunft freiwillig auf Antibiotika bei der Masttierhaltung.

1 Ausschnitt aus einer dänischen Zeitung, Juli 1998

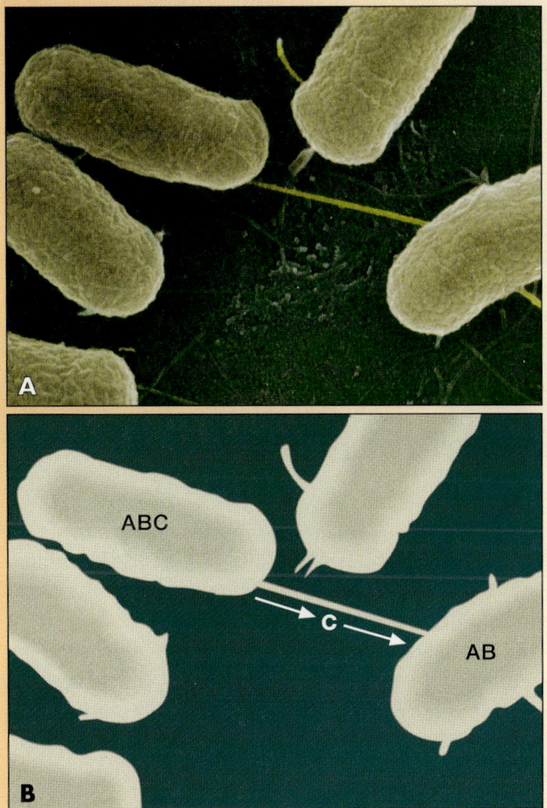

2 Entstehung von multiresistenten Bakterien.
A elektronenmikroskopische Aufnahme; B schematisch (A, B, C: Erbanlagen)

Durch Bakterien bedingte Erkrankungen kann man mit Antibiotika behandeln. Ein Antibiotikum tötet die meisten Bakterien. Bei zu niedriger Dosierung überleben jedoch einige Bakterien. Sie sind unempfindlich gegen das Antibiotikum, wie z. B. die Bakterien im Darm der dänischen Frau. Man bezeichnet solche Bakterien als resistent. Ein resistentes Bakterium pumpt das Antibiotikum wieder aus der Zelle heraus, bevor seine Wirkung einsetzen kann oder es produziert eine Substanz, die das eingedrungene Antibiotikum unwirksam macht. Resistenz ist erblich. Bakterien geben sie an ihre Nachkommen weiter, wenn sie sich durch Zellteilung vermehren.

Bakterien können die Erbanlagen für Resistenzen gegen bestimmte Antibiotika auch an andere Bakterien weitergeben. Sie legen sich nebeneinander und bilden dünne Verbindungsschläuche aus. Sie verdoppeln die Erbanlagen und geben eine Kopie dem Partner weiter. So können sich auch Resistenzen ansammeln. Es gibt Salmonellen, die gegen viele Antibiotika resistent sind. An solchen multiresistenten Salmonellen ist die Frau gestorben.

A1 a) Erkundige dich, warum dem Tierfutter oft Antibiotika beigemischt werden. Im Internet gibt es z. B. Informationen unter
www.bmgesundheit.de www.quarks.de
www.agrar.de www.spektrum.de

b) Nenne Gründe für und gegen ein Verbot des Antibiotikaeinsatzes bei der Tierhaltung.

A2 a) Erkläre, warum die Antibiotika-Beimischung im Tierfutter zu vermehrten Antibiotika-Resistenzen führen kann.
b) Wieso blieb die Antibiotika-Therapie bei der Patientin erfolglos?

A3 Der Salmonellenstamm DT 104 ist gegen viele Antibiotika resistent und befindet sich seit 1990 europaweit auf dem Vormarsch. Von den in Deutschland gefundenen Salmonellen gehörten nach Angaben der WHO (World Health Organization) zum multiresten-ten Stamm DT 104:
1990: 2 %; 1991: 2 %; 1992: 3 %, 1993: 4 %, 1994: 8 %, 1995: 8 %, 1996: 17 %.
a) Erstelle ein Balken- oder Kurvendiagramm mit diesen Werten.
b) Formuliere eine Tendenz anhand der Grafik.

1 Schimmel an der Hauswand

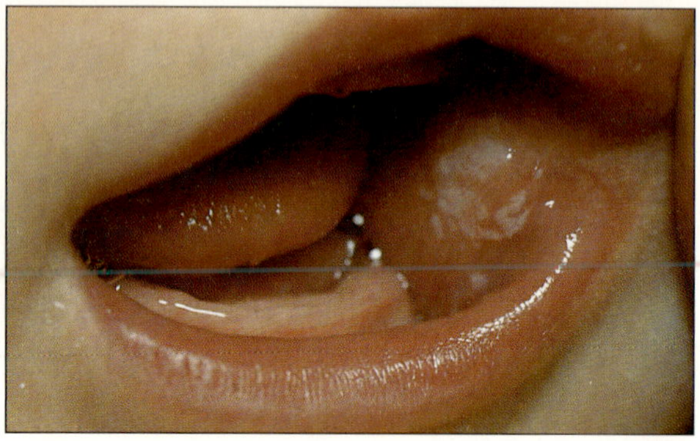

3 Soor

7 Pilze – Kulturen, die nicht untergehen

Wie Bakterien und Viren sind **Schimmelpilze** überall zu finden. Sie bestehen aus aneinandergereihten Zellen. Diese Pilzfäden, die *Hyphen,* dienen der Wasser- und Nahrungsaufnahme und bilden ein Pilzgeflecht, das *Myzel.* Schimmelpilze vermehren sich, indem sie Millionen von *Sporen* an die Luft abgeben. Sporen sind einzelne Zellen der Pilze. Sie werden eingeatmet und können Allergien, Asthma, Kopfschmerzen und Neurodermitis auslösen. Zusätzlich bilden einige Pilze giftige Stoffe. Diese **Mykotoxine** können bei Mensch und Tier schwere Erkrankungen hervorrufen. Manche schädigen die Blutgefäße und das Nervensystem, andere wirken krebserregend.

Ein Problem sind Mykotoxine in Nahrungsmitteln. Sie können in Pistazien, Müsli, Pfeffer, Tee und vielen anderen Lebensmitteln enthalten sein, wenn bei der Ernte, Trocknung und Lagerung nicht sorgfältig vorgegangen wurde. Deshalb sollte man Nahrungsmittel nicht verzehren, wenn sie nicht mehr frisch erscheinen. Schimmelpilze gedeihen am besten bei einer Luftfeuchtigkeit von über 80 % und einer Temperatur von über 20 °C. In Wohnräumen entstehen Schimmelpilzkulturen durch hohe Feuchtigkeit. Bereits vorhandenen Schimmelpilz kann man mit Chemikalien entfernen.

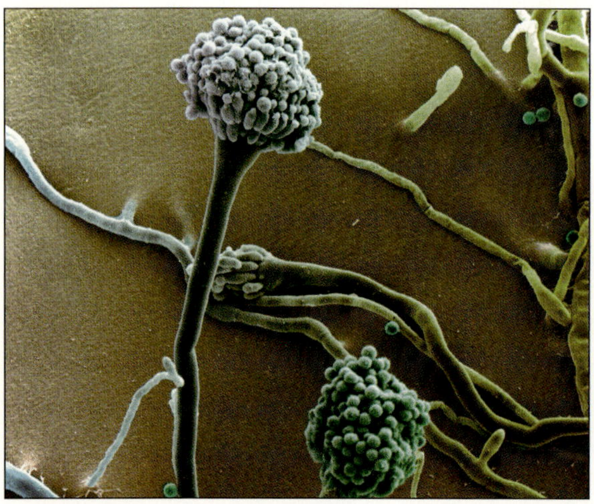

2 Aspergillus – ein Schimmelpilz

Neben Schimmelpilzen gibt es weitere Pilze, die gesundheitsschädlich sein können. Der Hefepilz *Candida albicans* kommt sehr häufig auf der Haut oder in der Mundhöhle vor. Candida wird erst dann zum Problem, wenn es zu einer Überwucherung der Haut oder Schleimhaut kommt. Dann verursacht der Pilz eine Infektion der Mundhöhle, die **Soor** heißt. In der Mundhöhle zeigen sich weiß-gelbe Flecken, die ein brennendes Gefühl hinterlassen. Entfernt man die Flecken, entstehen leicht blutende Wunden. Candida albicans kann auch eine Infektion der Scheide und Schamlippen verursachen. Das feuchtwarme Milieu der Scheide begünstigt ein Wachstum des Pilzes. Es juckt und brennt und es bildet sich Ausfluss, der unangenehm riecht. Partner können sich gegenseitig anstecken. Man kann sich mit dem Pilz auch durch den Besuch einer unsauberen Toilette infizieren. Zu häufiges Duschen oder die Benutzung von Intimwaschlotion schädigt den natürlichen Säureschutzmantel der Scheide. Dadurch kann sich der Pilz ausbreiten.

A1 Welche Faktoren begünstigen Wachstum und Vermehrung von Schimmelpilzen?

A2 Um Schimmelpilzen vorzubeugen, sollte man den Pilzen die Wachstumsgrundlagen möglichst entziehen. Erstellt eine Liste von Maßnahmen, die helfen, Schimmelpilze in den Wohnräumen zu vermeiden.

A3 Warum muss der Partner einer mit Candida albicans infizierten Person ebenfalls behandelt werden?

8 BSE und Prionen

Seit dem 18. Jahrhundert kennt man bei Schafen **Scrapie** oder die **Traberkrankheit.** Die Tiere werden aggressiv, verlieren die Kontrolle über ihre Gliedmaßen und sterben. Gleiche Symptome wurden 1984 erstmals bei Rindern beobachtet. Im Gehirn der erkrankten Tiere zeigte sich unter dem Mikroskop ein massenhafter Verlust von Nervenzellen. Diese „Löcher" durchziehen das gesamte Gewebe. Deshalb wurde die Krankheit **Bovine Spongiforme Encephalopathie (BSE)** genannt, was sich mit rindertypische schwammartige Hirnkrankheit übersetzen lässt.

Auf der Suche nach dem Erreger entdeckte man eine besondere Form von Eiweißen, die **Prionen.** Sie kommen auch beim gesunden Tier vor. Bei einem kranken Tier sind sie jedoch verändert und in der Lage, auch andere Eiweiße zu verändern.
Solch veränderte Prione findet man auch bei älteren Menschen, die unter der sehr selten auftretenden Erbkrankheit **Creutzfeldt-Jakob-Krankheit (CJK)** leiden. Die Patienten verlieren die Fähigkeit zu lesen und zu sprechen. Zusätzlich treten Muskelzuckungen auf und die Bewegungen werden unkontrolliert. Im Endstadium der Erkrankung haben die Patienten keine Möglichkeit, mit ihrer Umwelt Kontakt aufzunehmen und umgekehrt. Sie sterben innerhalb kurzer Zeit. 1995 wurde der erste Todesfall aufgrund einer **neuen Variante** der **Creutzfeldt-Jakob-Krankheit (nvCJK)** bekannt. Diese neue Form der Erkrankung unterscheidet sich von der bekannten CJK. So erkrankten auch junge Menschen.

Während CJK nur äußerst selten auftritt, starben an der neuen Form innerhalb kurzer Zeit bereits mehrere Hundert Menschen. Die nvCJK-Erkrankten haben Halluzinationen und erleben Angstzustände. Sie siechen über zweieinhalb Jahre dahin. Blind, taub, stumm, bewegungsunfähig und ohne Kontrolle über Darm und Blase sterben die nvCJK-Kranken schließlich.

Mittlerweile geht man davon aus, dass es sich bei den Erregern von Scrapie, BSE und auch von nvCJK um Prionen handelt. Man nimmt an, dass die Prionenkrankheit vom Schaf auf das Rind mit dem Tiermehl übertragen wurde. Man fütterte Rinder und andere Wiederkäuer mit Tiermehl, zu dem tote Rinder, totes Geflügel, tote Hunde und auch an Scrapie verstorbene Schafe verarbeitet worden waren. Da die Prionen erst bei sehr hohen Temperaturen zerstört werden, konnten die Erreger überleben.
Prionen können nicht durch Temperaturen, wie sie zur Essenszubereitung in der Küche vorkommen, zerstört werden. Auch gegen Chemikalien und viele Desinfektionsmittel sind sie widerstandsfähig. Sogar im Boden können sie längere Zeit überdauern.

A1 Erläutere anhand der Abbildung den möglichen Übertragungsweg der Prionenerkrankungen.

A2 Sammle Indizien, die dafür sprechen, dass der Erreger von BSE von Rindern auf Menschen übertragen werden kann.

A3 Erkundige dich nach der natürlichen Ernährung von Wiederkäuern.

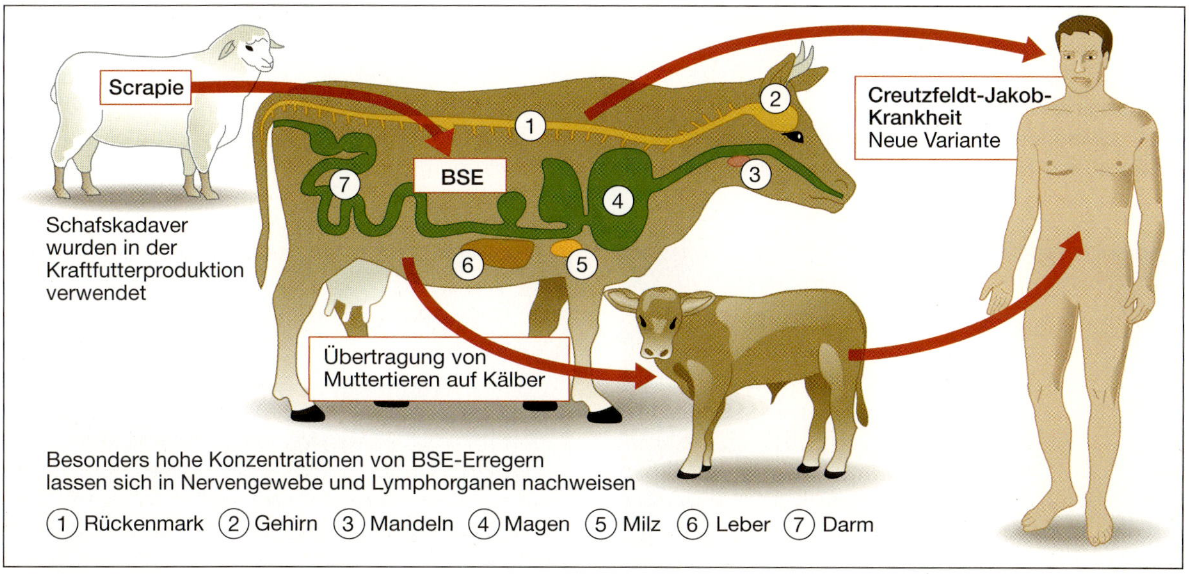

1 BSE und nvCJK

9 Parasiten als Krankheitsüberträger

Zecken

Im hohen Gras und auf Büschen warten Zecken auf ihre Wirte. Zecken sind mit Spinnen verwandte Kleintiere. Sie erkennen ihre Opfer am Geruch. Mithilfe ihrer Mundwerkzeuge dringen sie in die Haut ein und verankern sich. In ihrem Speichel befinden sich neben gefäßerweiternden und gerinnungshemmenden Stoffen auch oft Krankheitserreger wie Borreliose-Bakterien oder FSME-Viren.

Bei der **Lyme-Borreliose** kann sich einige Tage bis Wochen nach dem Zeckenbiss um die Einstichstelle herum eine ringförmige Rötung der Haut bilden. Die Rötung breitet sich nach außen hin aus, im Inneren verblasst sie wieder. Man spricht von „Wanderröte". Dieses Frühstadium der Erkrankung wird oft für eine Folge eines Insektenstichs gehalten. Zu der Rötung kommen bei der Borreliose häufig Begleiterscheinungen wie Fieber, Glieder- und Muskelschmerzen hinzu. Gegen Borreliose gibt es noch keine Impfung, sondern nur eine Behandlung mit Antibiotika. Wird Borreliose nicht frühzeitig behandelt, können chronische Gelenk- und Nervenentzündungen, Lähmungen und Schäden am Herzmuskel die Folgen sein.

Die **Frühsommer-Meningo-Encephalitis (FSME)** ist eine Hirnhautentzündung, die durch das FSME-Virus ausgelöst wird. Die Beschwerden ähneln zunächst denen einer Sommergrippe. Die Krankheit kann aber bleibende Lähmungen hinterlassen und in seltenen Fällen zum Tod führen. Da es sich um eine Viruserkrankung handelt, ist eine wirksame Behandlung kaum möglich. In FSME-Risikogebieten wird deshalb eine vorbeugende Impfung empfohlen.

Fuchsbandwurm

Der Fuchsbandwurm ist ein Parasit, der vorzugsweise im Darm von Füchsen, aber auch im Darm von Hunden und Katzen vorkommt. Er lebt zwar auf Kosten seiner *Endwirte,* diese nehmen aber kaum Schaden dabei.

Der Lebenszyklus des Fuchsbandwurms umfasst 2 Generationen. Im Darm der Endwirte lebt der erwachsene Wurm. Er ist nur wenige Millimeter groß und besteht aus dem Kopf und 4 oder 5 Wurmgliedern. Im letzten Wurmglied entwickeln sich Eier. Alle 14 Tage wird das Endglied abgestoßen und mit dem Kot des Wirtes gelangen 200–300 Eier in die Umwelt. Ein neues Wurmglied wächst nach.

Mäuse sind *Zwischenwirte* des Fuchsbandwurms. Sie nehmen die Eier mit der Nahrung auf. Im Darm der Maus schlüpfen aus den Eiern Larven. Sie gelangen über die Blutbahn in die Leber der Maus. Dort wachsen sie heran und wuchern tumorartig wie ein Schwamm in die Leber hinein. Die Maus wird krank und ist somit eine leichte Beute für einen Fuchs, einen Hund oder eine Katze. Im Darm des Endwirtes entwickeln sich die Larven zu Bandwürmern. Der Lebenszyklus schließt sich.

Anstelle der Mäuse kann auch der Mensch befallen werden. Die Aufnahme der Eier kann z. B. durch Verzehr von Beeren, die mit Kot verseucht sind oder durch den direkten Kontakt mit infizierten Tiere erfolgen. Die Larven setzen sich in der Leber fest, wachsen dort und zerfressen das gesunde Lebergewebe. Da die Entwicklung der Larven im Menschen viel länger dauert als in einer Maus, spürt ein Mensch oft erst nach Jahren Schmerzen im Oberbauch. Bei einer Vorsorgeuntersuchung können schon früher Veränderungen festgestellt werden, die auf einen Fuchsbandwurmbefall hindeuten. Die Behandlung ist schwierig. Es gibt Medikamente, die das Larvenwachstum verlangsamen, jedoch nicht stoppen können. In manchen Fällen muss man Teile der Leber operativ entfernen. Ohne Behandlung stirbt der Mensch.

Mit dem Fuchsbandwurm kann man sich überall infizieren. Füchse leben heute auch in Dörfern und Städten. Feld- und Wühlmäuse, die den Parasiten auf Füchse übertragen, kommen auf Mähwiesen und in Gärten

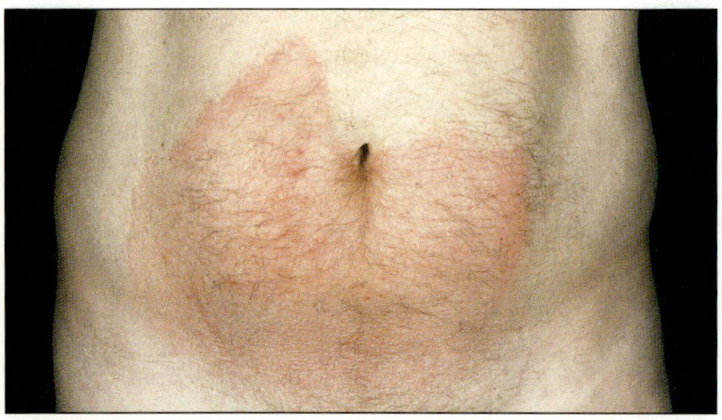

1 „Wanderröte"

2 Eine Zecke unter dem Elektronenmikroskop

vor. In großen zusammenhängenden Waldgebieten dagegen ist der Fuchsbandwurm eher selten.

A1 Was ist ein Parasit?

A2 Welche Wirte hat die Zecke?

A3 Erkundige dich beim Arzt oder in einer Apotheke, wie man Zecken richtig entfernt.

A4 Erkundige dich z. B. in einer Apotheke nach Verbreitungsgebieten des FSME-Virus und des Borreliose-Bakteriums.

A5 Warum bezeichnet man den Menschen für den Fuchsbandwurm als „Fehlwirt"?

A6 Wie kann man die Aufnahme von Eiern des Fuchsbandwurms verhindern?

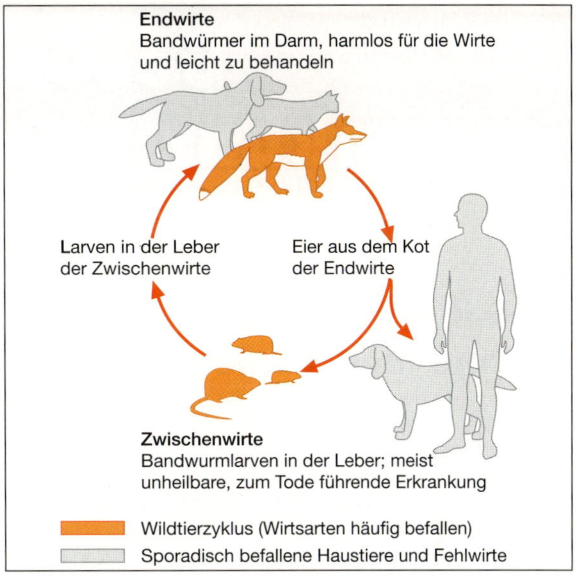

3 Lebenszyklus des Fuchsbandwurms

Glossar

Allergen: Substanz, die Allergie auslösen kann
Allergie: krankhafte Überreaktion des Immunsystems auf körperfremde Stoffe
allergisches Asthma: Überempfindlichkeit der Atemwege mit Erstickungsanfällen
Antigen: Eiweißstoffe, oft auf der Oberfläche von Krankheitserregern, die eine Immunreaktion auslösen
Antikörper: Eiweißstoffe, die der Körper gegen Antigene bildet
Antigen-Antikörper-Reaktion: Antikörper binden sich an Antigene und verklumpen diese.
Bakterien: einzellige Lebewesen, die kleiner und einfacher gebaut sind als die Zellen von Pflanzen, Pilzen und Tieren. Bestimmte Bakterien verursachen Krankeiten wie Salmonellose, Borreliose, Tuberkulose, Keuchhusten oder Lungenentzündung .
Histamin: Botenstoff, der von Mastzellen ausgeschüttet wird und zu allergischen Reaktionen wie Rötung, Schwellung, Schnupfen führt
Heuschnupfen: allergischer Schnupfen, oft durch eine Pollenallergie ausgelöst
Infektion: Ansteckung mit einem Krankheitserreger
Infektionskrankheit: Krankheit, die durch Viren, Bakterien, Pilze oder Parasiten (Würmer, Einzeller u. a.) verursacht wird
Inkubationszeit: Zeit zwischen Infektion und Ausbruch der Krankheit
Hygiene: Sauberer Umgang mit allem, was zu einer Infektion führen kann, wie Lebensmittel, Wäsche, Fäkalien, bei Wunden und Verletzungen (auch Spritzen, Operationen, Tätowierungen, Piercing usw.)
Immunität: Zustand, in dem das Immunsystem eine bestimmte Infektion rasch und erfolgreich eindämmt. Immunität entsteht durch einen früheren Kontakt mit dem Krankheitserreger, durch eine Schutzimpfung (aktive Immunisierung) oder durch das Spritzen von Antikörpern (passive Immunisierung).
Immunsystem: körpereigene Abwehr gegen Krankheitserreger und körperfremde Substanzen mithilfe von Lymphozyten
Lymphozyten: verschiedene Sorten weißer Blutkörperchen
Mykotoxine: von Pilzen gebildete Gifte, oft krebserregend
Parasit: Lebewesen, das sich auf Kosten eines anderen Lebewesens, des Wirtes, ernährt
Prionen: Eiweißstoffe, die für BSE, Scrapie und die neue Variante der Creutzfeldt-Jakob-Krankheit verantwortlich gemacht werden
Viren: Viren bestehen aus Erbgut und einer Hülle; sie sind kleiner als die kleinsten Zellen und können sich nur innerhalb von Zellen vermehren; Viren verursachen Krankheiten wie Grippe, Herpes, FSME, Hepatitis, Aids u.a.
Wirt: von einem Parasiten befallenes Lebewesen. Im Laufe eines mehrstufigen Lebenszyklus (Generationszyklus) kann ein Parasit mehrere Zwischenwirte befallen. Der Endwirt beherbergt die fortpflanzungsfähigen Endstadien des Parasiten.

Gesundheit – undenkbar ohne Heilmethoden

1 Heilung ohne Medikamente

Bei leichten Verletzungen oder anderen gesundheitlichen Beeinträchtigungen können wir uns oft allein auf die Selbstheilungskräfte des Körpers verlassen.

Eine kleine **Wunde** schmerzt zunächst und blutet. Aber schon bald wird das **Blut** gallertartig fest, es **gerinnt** und verschließt die Wunde. Sind Blutgefäße verletzt, dann zerfallen in Bruchteilen von Sekunden die kleinsten zellulären Bestandteile des Blutes, die *Blutplättchen.* Sie setzen Stoffe frei, die bewirken, dass aus dem im flüssigen *Blutplasma* gelösten *Fibrinogen-Eiweiß* ein Netz aus Fibrinfasern entsteht. In diesem *Fibrinnetz* verfangen sich weitere Blutplättchen sowie *rote* und *weiße Blutkörperchen.* Ein Pfropf aus geronnenem Blut verschließt die verletzten Blutgefäße und die Blutung kommt zum Stillstand. Das ausgetretene, geronnene Blut trocknet ein und schützt als *Schorf* die verletzte Haut. Darunter bildet sich neue Haut. Zeitlebens können Wunden und Verletzungen heilen, indem sich Zellen teilen, bis sie wieder Kontakt zu Nachbarzellen haben. Die junge, rosa Haut ist noch sehr lichtempfindlich und muss vor starker Sonneneinstrahlung geschützt werden.

Zur **Wundversorgung** reicht bei kleineren Wunden zumeist ein sauberes *Wundpflaster.* Größere Wunde erhalten eine *sterile Wundauflage* mit einem Verband. Stark blutende Wunden und Platzwunden sollten immer vom Arzt behandelt werden.
Solange die Wunde noch nicht verschlossen ist, besteht die Gefahr einer **Wundinfektion.** Auf der gesunden Haut siedeln zahlreiche Bakterien, die erst zur Bedrohung werden, wenn sie in den Körper eindringen. Die Blutung schwemmt die meisten Erreger bereits heraus. Gelangen dennoch Bakterien in eine Wunde, so wird sofort die **Immunabwehr** aktiv.
Weiße Blutkörperchen werden über noch intakte Blutgefäße herangeführt. Sie durchdringen die Wände der Blutkapillaren und bewegen sich zwischen den Zellen der Körpergewebe auf die Wunde zu. Treffen diese **Fresszellen** auf Bakterien, so nehmen sie die Erreger in sich auf und verdauen sie. Abgestorbene Fresszellen, voll gefüllt mit Bakterien, finden sich neben anderen Zellresten im **Eiter.** Eine eiternde Wunde zeigt einerseits, dass eine Infektion erfolgt ist, aber andererseits auch, dass die Abwehr aktiv ist. Eine **Entzündung** erkennt man an einer Rötung, Erwärmung und Schwellung. Der Körper intensiviert die Abwehr an dieser Stelle durch stärkere Durchblutung. Erst wenn die Rötung weiter fortschreitet, wenn nahe gelegene *Lymphknoten* anschwellen oder gar *Fieber* ein-

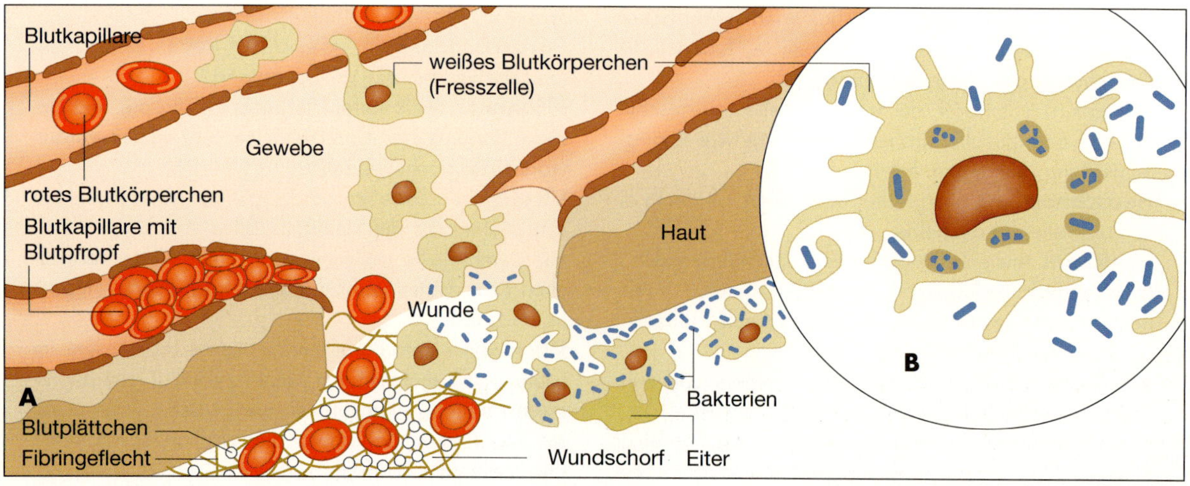

***1 A** Bei der Wundheilung greifen viele Vorgänge ineinander. **B** Eine Fresszelle nimmt Bakterien auf und verdaut sie.*

tritt, besteht die Gefahr einer **Blutvergiftung.** Diese Infektion muss dringend vom Arzt behandelt werden.

Auch bei vielen **Infektionskrankheiten** können wir uns letztlich auf die Selbstheilung verlassen. Im Gegensatz zu den Krankheiten, die durch Bakterien verursacht werden, gibt es gegen Virusinfektionen meist noch keine wirksamen Medikamente. Es ist die **Immunabwehr,** die gegen eingedrungene Bakterien und Viren vorgeht. Daher ist es wichtig, die körpereigene Abwehr zu stärken. Sinnvolle Maßnahmen zur **Vorbeugung** sind eine stressarme Lebensführung, vitaminreiche Kost, ausreichend Schlaf und Bewegung an frischer Luft.

Relativ harmlos im Vergleich zur echten Grippe sind die so genannten **grippalen Infekte,** ausgelöst durch eine Vielzahl verschiedener Viren. Anstecken kann man sich durch *Tröpfcheninfektion* praktisch überall. Erkältungssymptome wie Schnupfen und Husten, aber auch Kopf- oder Gliederschmerzen und Fieber beeinträchtigen das Wohlbefinden. Durch bewährte **Hausmittel** lässt sich der Krankheitsverlauf günstig beeinflussen. Ausreichend Schlaf und *Ruhe* bei einem beginnenden Infekt sowie genügend *Vitamin C* verhindern oft einen weiteren Ausbruch der Erkrankung. Bei **Fieber** wird die körpereigene Abwehr am besten durch Bettruhe unterstützt. Die leicht erhöhte Temperatur sorgt für eine raschere Immunreaktion. Dies ist die natürliche biologische Aufgabe des Fiebers. Zu hohes Fieber allerdings sollte durch Wadenwickel oder durch entsprechende Medikamente gesenkt werden. Es belastet den Kreislauf und kann bei kleineren Kindern zu Fieberkrämpfen führen. Die Viren befallen häufig zuerst die **Schleimhäute** der Atemwege. Besonders gefährdet sind die Schleimhäute, wenn sie durch trockene Heizungsluft gereizt sind. Daher sollte man im Winter die Räume nicht überheizen und regelmäßig lüften. Bei einem Viursbefall wird sofort die Immunabwehr aktiv. Daneben sondern *Mastzellen Histamine* ab. Diese Signalstoffe locken die Zellen der Immunabwehr an und erweitern die Blutgefäße. Die Schleimhäute schwellen an und sondern verstärkt Flüssigkeit ab. Der mit Viren und abgestorbenen weißen Blutkörperchen angereicherte Schleim wird dann ausgeschnaubt oder ausgehustet. Die zügige Schleimbildung kann durch reichliches *Trinken* und durch *Inhalieren* gefördert werden. Pflanzliche Wirkstoffe in Kräutertees, Salben zum Einreiben oder in Zusätzen beim Inhalieren unterstützen diese *schleimlösende* Wirkung. Kann zäher Schleim nicht rasch nach außen befördert werden, bildet er einen idealen Nährboden für Bakterien. Besonders häufig sind solche **Zweitinfektionen** mit Streptokokken, die zu einem Krankheitsrückfall und zu **Komplikationen** führen können, die der Arzt behandeln muss.

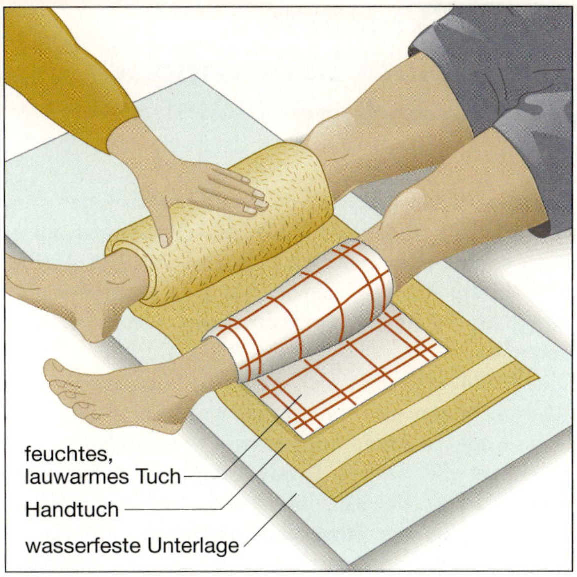

2 Anlegen eines Wadenwickels

V1 Bakterien der Mundschleimhaut
Material: Mikroskop und Zubehör, Methylenblaulösung (0,05%)
Durchführung: Mit dem Fingernagel schabst du vorsichtig an der Innenseite der Wange entlang. Das Abgeschabte streichst du auf einen Objektträger, gibst einen Tropfen Methylenblaulösung hinzu und deckst das Präparat mit einem Deckgläschen ab. Mikroskopiere zunächst bei kleinster, dann bei mittlerer und schließlich bei stärkster Vergrößerung.
Aufgabe: Unterscheide bei stärkster Vergrößerung die Mundschleimhautzellen von den sehr viel kleineren Bakterienzellen. Zeichne eine Schleimhautzelle im Umriss und daneben einige Bakterienzellen im richtigen Größenverhältnis.

A2 a) Befrage deine Eltern und Großeltern, welche Hausmittel und welches Verhalten sie empfehlen bei Schnupfen, Husten, Fieber, Kopfschmerzen und zur Abhärtung.
b) Diskutiert in der Klasse mögliche Wirkungen sowie Vor- und Nachteile der Empfehlungen, die ihr zusammengetragen habt.

A3 Vergleiche die Aufgabe der Mastzellen bei der Abwehr einer Erkältungskrankheit mit der Rolle, die sie bei einer Allergie wie Heuschnupfen spielen.

A4 Abgeschlagenheit und leichtes Fieber sind oft Anzeichen eines grippalen Infektes. Dieselben Symptome können aber auch auf eine ernstere Infektionskrankheit hinweisen. In welchen Situationen sollte man auch an Krankheiten wie Malaria, Typhus, Diphtherie, Tollwut, FSME, Borreliose oder Scharlach denken?

2 Medikamente – wirksam bei richtiger Anwendung

Simon wird seit Wochen von einem hartnäckigen Husten gequält und es wird immer schlimmer. Jetzt hat er auch noch Fieber und fühlt sich schwach. Der Arztbesuch bringt Klarheit: Simon hat eine Lungenentzündung, die mit einem **Antibiotikum** behandelt werden muss.

Die Ärztin erkundigt sich zunächst, ob Simon eine *Allergie* gegen ein Antibiotikum hat. Simon verneint. Dann fragt die Ärztin nach seinem Körpergewicht. Sie berechnet die richtige **Dosierung,** die den Körper nicht unnötig belastet, aber die Bakterien effektiv bekämpft. Bei der **Darreichungsform** darf Simon zwischen Saft und Kapseln wählen. Er bekommt Kapseln verschrieben, von denen er zwei Mal täglich eine einnehmen soll. Die Ärztin erklärt dem Jungen, wie wichtig es ist, das Medikament regelmäßig zu nehmen. Die Bakterien sollen nicht die Gelegenheit bekommen, sich wieder zu vermehren. Aber auch, wenn er die Einnahme einmal vergisst, soll er das Medikament danach weiter wie verordnet einnehmen. Mit dem **Rezept** erhält die Mutter in der Apotheke das *verschreibungspflichtige* Medikament.

Nach wenigen Tagen fühlt sich der Junge wesentlich besser. Er ist fieberfrei und hustet kaum noch. Die Eltern achten darauf, dass er dennoch das Antibiotikum über den verordneten Zeitraum regelmäßig weiternimmt. Der Vater erklärt: „Es sind immer noch Bakterien in deinem Körper. Gerade die gegen das Medikament unempfindlichsten haben bis jetzt überlebt. Wenn du jetzt aufhörst, das Antibiotikum zu nehmen, dann können sich diese Bakterien vermehren. Solche gegen ein Antibiotikum unempfindlichen Bakterien nennt man **resistent.** Sie können mit diesem Medikament dann nicht mehr bekämpft werden".

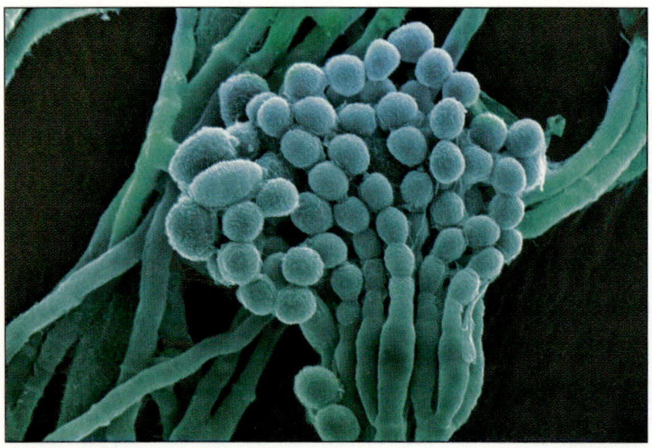

1 Pinselschimmel Penicillium

Nach zehn Tagen hat Simon wieder einen Termin bei der Ärztin. Sie untersucht die Lunge und erkundigt sich nach seinem Befinden. Der Junge berichtet von leichtem Durchfall in den letzten Tagen. Die Ärztin meint, das sei eine mögliche **Nebenwirkung** einer Antibiotikabehandlung. Im Darm leben viele für die Verdauung nützliche Bakterien, die ebenfalls durch das Antibiotikum geschädigt werden. Simon kann seine Darmflora wieder ins Gleichgewicht bringen, indem er Jogurt, frisches Obst und Vollkornprodukte isst.

Die ersten **Antibiotika** isolierte man aus **Schimmelpilzen** wie dem Pinselschimmel *Penicillium*. Viele weitere Antibiotika werden von den verschiedensten Schimmelpilzen ausgeschieden. Die Naturstoffe werden isoliert und dann oft chemisch verändert, um eine optimale Wirkung und Verträglichkeit zu erzielen. Andere Antibiotika werden heute vollkommen synthetisch hergestellt. Antibiotika sind Medikamente, mit denen bakterielle Infektionen wirksam bekämpft werden können. Man kennt inzwischen eine Vielzahl von Antibiotika, die über verschiedene **Wirkungsmechanismen** die Vermehrung von Bakterien verhindern. Penicillin beispielsweise verhindert, dass die Bakterienzellen neue Zellwände aufbauen können, wenn sie sich teilen. Man nutzt bei diesen Medikamenten die Tatsache, dass die Bakterienzellen anders gebaut sind und ihr Stoffwechsel etwas anders funktioniert als der menschlicher Zellen. So können die Bakterienzellen gezielt bekämpft werden, ohne dass gleichzeitig der menschliche Organismus allzu sehr geschädigt wird.

Nach den anfänglich großen Heilerfolgen häufen sich in den letzten Jahrzehnten Fälle, in denen die Antibiotika nicht die erhoffte Wirkung zeigen. Bakterien kön-

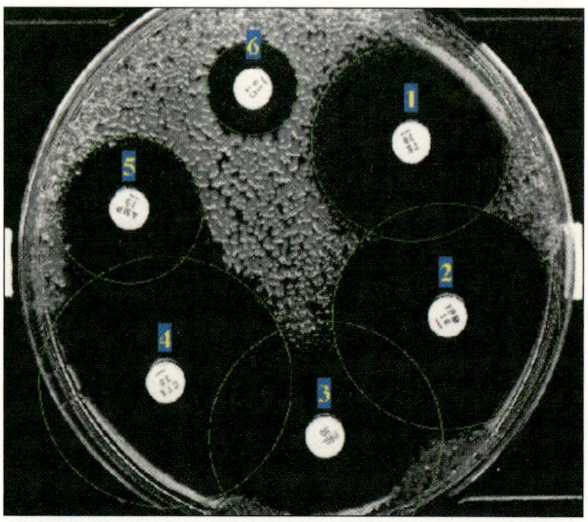

2 Antibiogramm. *Filterpapierscheibchen werden mit verschiedenen Antibiotika getränkt und auf den Bakterienrasen gesetzt.*

Alexander Fleming entdeckt das Penicillin

Exkurs

Während der Arbeit mit Staphylokokken wurden einige Kulturplatten auf dem Labortisch beiseite gestellt und von Zeit zu Zeit untersucht. Bei diesen Untersuchungen waren diese Platten notwendigerweise der Luft ausgesetzt. Dabei wurden sie mit verschiedenen Mikroorganismen kontaminiert (=verunreinigt). Es konnte beobachtet werden, dass die Staphylokokken rund um eine große Kolonie eines kontaminierenden Schimmelpilzes transparent wurden, also ganz eindeutig eine Lyse (= Auflösung) vonstatten ging ...

Mit diesen Sätzen beginnt FLEMING seine Veröffentlichung in einer britischen Fachzeitschrift. 1929 stellte er darin seine Entdeckung des Penicillins vor. ALEXANDER FLEMING (1881 bis 1955) war zu der Zeit als Mikrobiologe am St. Mary's Hospital in London tätig. Eher zufällig hatte er bei seinen Arbeiten mit den eitererregenden Staphylokokken-Bakterien bemerkt, dass ihr Wachstum offenbar durch einen Stoff gehemmt wird, der von Schimmelpilzen ausgeschieden wird. Fleming untersuchte die vom Pinselschimmel *Penicillium* gebildete Substanz genauer. Er konnte die antibakterielle Wirkung des *Penicillins,* wie er den Stoff nannte, auf verschiedene Bakterien nachweisen. Fleming machte sich zunächst Hoffnungen, man könnte das Mittel bald gegen Infektionen einsetzen. Im Hospital und besonders während des Ersten Weltkrieges hatte er oft miterleben müssen, wie machtlos die Ärzte eiternden Wunden gegenüberstanden. Um den Patienten das Leben zu retten, mussten entzündete Gliedmaßen häufig amputiert werden. Die Fachkollegen jedoch zeigten wenig Interesse für FLEMINGS Entdeckung. Er selbst hatte Schwierigkeiten, sein Penicillin in haltbarer Form und brauchbarer Menge zu gewinnen. So wandte er sich wieder seinen Arbeiten mit *Lysozym* zu. Dieser schwach antibakteriell wirkende Eiweißstoff findet sich reichlich im Speichel und im Nasenschleim. Wie man heute weiß, unterstützt er die Immunabwehr des Körpers.

Erst um 1940 nahmen H. FLOREY und E. CHAIN in Oxford die Untersuchungen am Penicillin wieder auf. Sie entschlüsselten seine chemische Struktur, entwickelten Herstellungsverfahren und testeten die Substanz erfolgreich am Menschen. Auf Betreiben des Militärs produzierte schließlich eine Firma in den USA das Medikament. Die neue Wunderwaffe gegen eitrige Wunden rettete gegen Ende des Zweiten Weltkrieges vielen amerikanischen und britischen Soldaten in den Lazaretten das Leben. Seit den 50er Jahren wurde Penicillin auch in Deutschland und überall in der Welt angewendet.

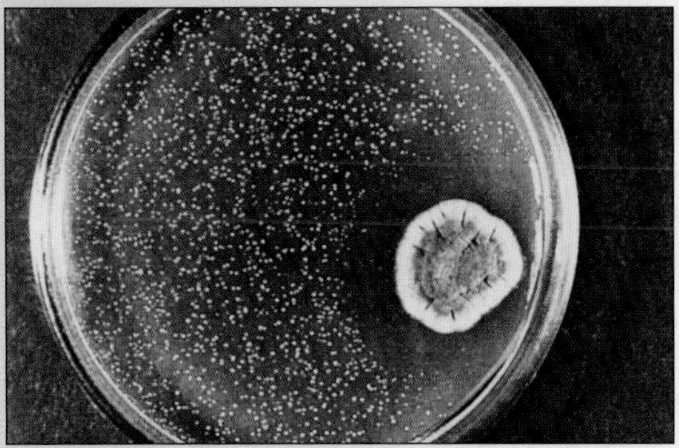

ALEXANDER FLEMING erhielt 1945 zusammen mit FLOREY und CHAIN den Nobelpreis für Medizin. Bereits damals jedoch warnte er vor möglichen Gefahren des uneingeschränkten Penicillingebrauchs. Er hatte in seinem Labor beobachtet, dass einzelne Bakterienkulturen, die anfangs gegen Penicillin empfindlich waren, plötzlich wieder wuchsen. In einem Zeitungsinterview schrieb Fleming 1945:
Die Folgen sind kaum auszudenken, wenn Patienten Antibotika zur Selbstmedikation (= Selbstbehandlung) in die Hand bekommen und sie zu schwach dosieren. Statt die Infektion auszumerzen, züchtet man dann penicillinresistente Erreger.

A1 Beschreibe, durch welche Beobachtung Fleming zu seiner Entdeckung des Penicillins kam.

A2 Welche weiteren Schritte waren nach der Entdeckung des Penicillins nötig, bevor es als Medikament eingesetzt werden konnte?

A3 Erkläre die Warnung Flemings aus dem Jahr 1945.

A4 Welche Wirkung kann es haben, wenn sich ein Tier eine Wunde leckt?

nen Resistenzen entwickeln, also Unempfindlichkeiten gegen den entsprechenden Wirkstoff. Überall, wo Bakterien mit Antibiotika in Kontakt kommen, wird die Vermehrung von resistenten Keimen gefördert. Da ist es nicht verwunderlich, dass gerade in Krankenhäusern ein regelrechter Wettlauf zwischen dem Einsatz neuer Antibiotika und der Resistenzbildung bei den Bakterien stattfindet. Ein Problem sind beispielsweise eitererregende *Staphylokokken*. Nach einer Operation können sie für einen geschwächten Patienten lebensbedrohend werden, wenn kein wirksames Antibiotikum zur Verfügung steht. Erreger, die bereits gegen mehrere Medikamente unempfindlich sind, bezeichnet man als multiresistent. Der leichtfertige Umgang mit Antibiotika, nicht nur in der Medizin, sondern auch bei der Tierhaltung, führt zu einer erschreckenden Ausbreitung von Resistenzen.

Eine große Anzahl wirksamer **Medikamente** steht der Medizin zur Verfügung. Viele dieser Stoffe greifen in die natürlichen Körperfunktionen des Menschen ein. Sie beeinflussen beispielsweise den Blutdruck oder die Herztätigkeit, steuern den Hormonspiegel für wichtige Hormone oder regulieren den Blutzuckerspiegel eines Zuckerkranken. Schmerzen können unterdrückt werden, Muskeln entspannt, die inneren Organe können beeinflusst werden. Medikamente, die bei falscher Anwendung gefährliche **Nebenwirkungen** befürchten lassen, dürfen nur nach Anweisung des Arztes verwendet werden. Sie sind verschreibungspflichtig. Herzmittel oder Schlafmittel beispielsweise können zum tödlichen Gift werden, wenn sie in zu hoher **Dosis** eingenommen werden.

Obwohl die **Arzneimittelherstellung** heute weitgehend **chemisch** erfolgt, geht man bei neuen Entwicklungen oft von **Naturstoffen** aus. Seit Urzeiten und in allen Kulturkreisen kennen die Menschen die Heilwirkungen bestimmter Pflanzen und Pilze. Nach und nach ist es gelungen, aus vielen Pflanzen die Substanzen zu isolieren, die für die Heilwirkung verantwortlich sind. Heute fahnden Forscher weltweit nach neuen Heilpflanzen, zum Beispiel aus den tropischen Regenwäldern.

Die Rinde der Silberweide *Salix alba* galt in der Kräuterheilkunde seit langem als schmerzlindernde *Droge*. Chemiker konnten daraus den wirksamen Bestandteil *Salicin* isolieren. Um 1900 kam chemisch hergestellte *Acetylsalicylsäure (ASS)* unter dem Handelsnamen *Aspirin* auf den Markt. Sie war besser verträglich als der Naturstoff. Heute wird ASS unter den verschiedensten Markennamen verkauft. Sie ist ein weit verbreitetes **Schmerzmittel,** wirkt aber auch entzündungshemmend und fiebersenkend. Weil ASS außerdem die Blutgerinnung hemmt, darf sie nicht eingenommen werden, wenn z. B. nach Verletzungen oder Operationen die Gefahr einer Blutung besteht. Wird ASS in hoher Dosis oder über einen längeren Zeitraum eingenommen, dann werden die Schleimhäute von Magen und Darm angegriffen. Magengeschwüre können die Folge sein.
Auch das wirksamste Schmerzmittel ist pflanzlichen Ursprungs: *Morphium* wird aus dem Milchsaft der unreifen Kapsel des Schlafmohns gewonnen. Es wirkt im Gehirn ähnlich wie die vom Gehirn selbst gebildeten *Endorphine* und kann starke Schmerzempfindungen unterdrücken. Obwohl Morphium wie andere Opiate bei missbräuchlicher Anwendung süchtig macht, ist es zur Behandlung sehr starker Schmerzen unter strenger ärztlicher Kontrolle nicht zu ersetzen.

Starke **Schmerzen** zu lindern ist eine wichtige Aufgabe des Arztes. So wird unnötiges Leiden vermieden und besonders nach Operationen einer Überempfindlichkeit gegen Schmerz vorgebeugt. Auf der anderen Seite ist Schmerz ein wichtiges **Warnsignal** des Körpers, das ernst genommen und nicht bedenkenlos durch Medikamente zugedeckt werden sollte. Wo immer dies möglich ist, müssen die Ursachen des Schmerzes beseitigt werden. Beispielsweise können Rückenschmerzen auf Muskelverspannungen und Bewegungsmangel hinweisen. Kopfschmerzen können ihren Grund in Schlafmangel oder psychischer Belastung haben oder aber auf eine ernste Erkrankung aufmerksam machen.

3 A Die Silberweide Salix alba enthält schmerzlinderndes Salicin. B Vielfältiges Medikamentenangebot

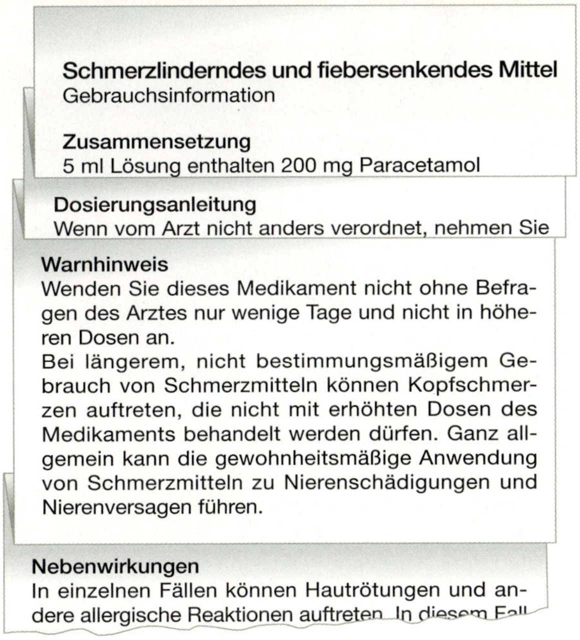

Schmerzlinderndes und fiebersenkendes Mittel
Gebrauchsinformation

Zusammensetzung
5 ml Lösung enthalten 200 mg Paracetamol

Dosierungsanleitung
Wenn vom Arzt nicht anders verordnet, nehmen Sie

Warnhinweis
Wenden Sie dieses Medikament nicht ohne Befragen des Arztes nur wenige Tage und nicht in höheren Dosen an.
Bei längerem, nicht bestimmungsmäßigem Gebrauch von Schmerzmitteln können Kopfschmerzen auftreten, die nicht mit erhöhten Dosen des Medikaments behandelt werden dürfen. Ganz allgemein kann die gewohnheitsmäßige Anwendung von Schmerzmitteln zu Nierenschädigungen und Nierenversagen führen.

Nebenwirkungen
In einzelnen Fällen können Hautrötungen und andere allergische Reaktionen auftreten. In diesem Fall

4 Gebrauchsinformation

A1 Was muss jeder Patient beachten, der ein Antibiotikum verschrieben bekommt?

A2 Gegen welche Antibiotika sind die in Abb. 2 gezeigten Bakterien resistent? Begründe deine Aussage.

A3 Auf welche Nebenwirkungen und Gefährdungen bei unsachgemäßem Gebrauch des Schmerzmittels macht der abgebildete Beipackzettel aufmerksam?

A4 Untersuche die Hausapotheke bei dir zu Hause.
a) Stelle fest, ob bei Medikamenten das Verfallsdatum überschritten ist. Wie entsorgst du sie?
b) Schaue nach, welche Medikamente apothekenpflichtig und welche verschreibungspflichtig sind.
c) Notiere, in welchen Darreichungsformen du Medikamente in eurer Hausapotheke findest.

A5 Vergleiche die Beipackzettel von mehreren Medikamenten. Liste auf, zu welchen Themenbereichen sie wichtige Informationen enthalten.

A6 Begründe, warum Medikamente für Kinder unzugänglich aufbewahrt werden müssen.

A7 Erkunde in der Apotheke:
a) Welche Aufgaben gehören zum Beruf des Apothekers?
b) Warum sind manche Medikamente apothekenpflichtig und nicht frei verkäuflich?

A8 Manchmal hört man Aussagen wie: Dieses Mittel ist rein pflanzlich. Daher ist es ungefährlich und ohne Nebenwirkungen. Nimm dazu Stellung.

A9 Frau S. arbeitet im Büro und hat abends oft Kopfschmerzen. Trage zusammen, was sie gegen ihre Kopfschmerzen unternehmen könnte.

Arzneimittelmissbrauch

Exkurs

1 Medikamente, die leicht süchtig machen

Petra will abnehmen. Von einer Freundin hat sie den „heißen" Tipp bekommen, dazu ein Abführmittel zu benutzen. Tatsächlich verlor sie innerhalb von einigen Tagen fast zwei Kilo an Gewicht. Als sie dann aber keine Tabletten mehr einnahm, litt sie unerwartet unter Verstopfung. Sie fühlte sich so unwohl, dass sie wieder zu dem Abführmittel griff, um überhaupt normal Stuhlgang zu haben. Die anfänglich verlorenen Kilos hatte sie ohnehin bald wieder drauf. Nach mehreren Monaten des Herumprobierens vertraute sich Petra ihren Eltern an und bekam ärztliche Hilfe.
Petras Beschwerden waren ein typisches Beispiel für Entzugserscheinungen bei einer Medikamentensucht. Der Körper kann relativ schnell von einem Medikament abhängig werden und reagiert mit Entzugserscheinungen, wenn das Mittel abgesetzt wird.

A1 a) Erläutere, warum man bei Petra klar von einem Arzneimittelmissbrauch sprechen kann.
b) Woran zeigte sich die körperliche Abhängigkeit?

3 Alternative und natürliche Heilmethoden

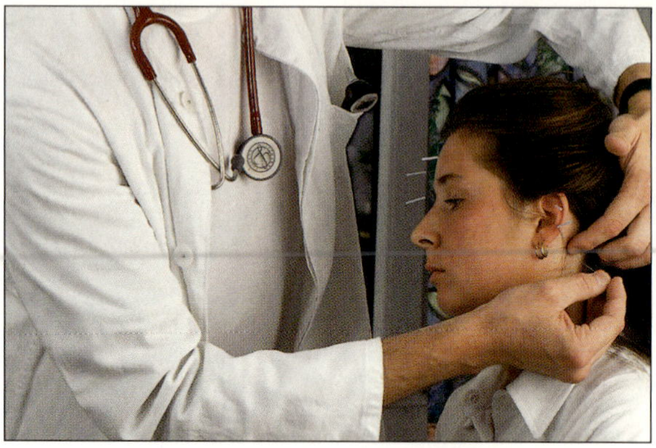

1 Schmerztherapie durch Akupunktur

Schon lange leidet Frau Sanders unter Migräneanfällen. Wegen unerträglicher Kopfschmerzen und Übelkeit kann sie oft nicht zur Arbeit gehen. Der Arzt verschreibt ihr immer stärkere Medikamente, ohne ihr wirklich helfen zu können. Frau Sanders sucht daher nach alternativen Wegen zur Heilung oder zumindest zu einer dauerhaften Linderung ihrer Beschwerden. Sie entschließt sich zu einer Akupunkturbehandlung.

Die **Akupunktur** stammt aus der traditionellen chinesischen Medizin und wird heute auch bei uns angewendet. Speziell ausgebildete Fachleute führen dabei feine Nadeln an ganz bestimmten Akupunkturpunkten in die Haut ein, um Schmerzen oder Störungen der inneren Organe zu behandeln. Wissenschaftler versuchen, die Wirkungsweise der Akupunktur über die Reizung von Nerven zu erklären. Durch die Nadelung können Reaktionen im Gehirn und über das Nervensystem auch an den inneren Organen ausgelöst werden.

Der Arzt Samuel Hahnemann (1755–1843) begründete die **Homöopathie,** die bei uns in Deutschland viele Anhänger findet. Anders als sonst in der Medizin üblich, werden homöopathische Medikamente nicht *gegen* Beschwerden eingesetzt, sondern sie sollen die Selbstheilungskräfte des Körpers anregen. Dazu wählt der Homöopath nach dem Prinzip der „Ähnlichkeit" (griechisch *homoios:* ähnlich, gleichartig) ein Medikament aus, das in höherer Dosis ähnliche Symptome hervorruft wie die Krankheit selbst. Die Mittel sind oft pflanzlicher Herkunft. Es werden aber auch Metalle, Mineralien oder abgetötete Krankheitserreger verwendet. Nach dem Prinzip der „Potenzierung" (hier: Verdünnung) werden sie mit Alkohol, Wasser oder Milchzucker stark verdünnt. Die stärksten Verdünnungen werden in der Homöopathie „Hochpotenzen" genannt. Sie enthalten praktisch keinen Wirkstoff mehr. Homöopathen behaupten aber, dass durch das „Verschütteln" während der Verdünnungsschritte etwas von der Heilkraft in das Verdünnungsmittel übergeht. In diesen Verdünnungen sind keine ungewollten Nebenwirkungen zu befürchten. Allerdings ist auch die Wirksamkeit vieler homöopathischer Mittel umstritten. Besonders bei den Hochpotenzen lässt sich eine Wirkung mit naturwissenschaftlichen Methoden nicht nachweisen.

So mancher Erfolg alternativer Therapien ist sicherlich auch auf die **ganzheitliche** Sicht des Menschen zurückzuführen, die die Lebensumstände des Patienten umfassend berücksichtigt. Viele Patienten fühlen sich in ihrer Situation ernst genommen und glauben an den eingeschlagenen Weg zur Heilung.

Exkurs

Alternative Heilmethoden wirken „anders"

In der **traditionellen chinesischen Medizin** ist Qi (sprich: *chi*) die vitale Lebensenergie. Sie bezieht im gesunden Körper ihre Kraft aus der Spannung zwischen den Gegensätzen Yang und Yin. Zu Yang beispielsweise gehören Elemente und Eigenschaften wie Tag, Mann, warm und außen, während Nacht, Frau, kalt und innen Ausdruck von Yin sind. Geraten die Einflüsse von Yin und Yang aus dem Gleichgewicht, so wird der Mensch krank.

Qi fließt in den so genannten Meridianen. Das sind weder Blutgefäße noch Nerven, sondern eigene Linien, die den Körper durchziehen. Auf ihnen liegen die Akupunkturpunkte aufgereiht. Nadelt man diese Punkte richtig, so wird der Fluss von Qi gelenkt, bis das Gleichgewicht wieder hergestellt ist.

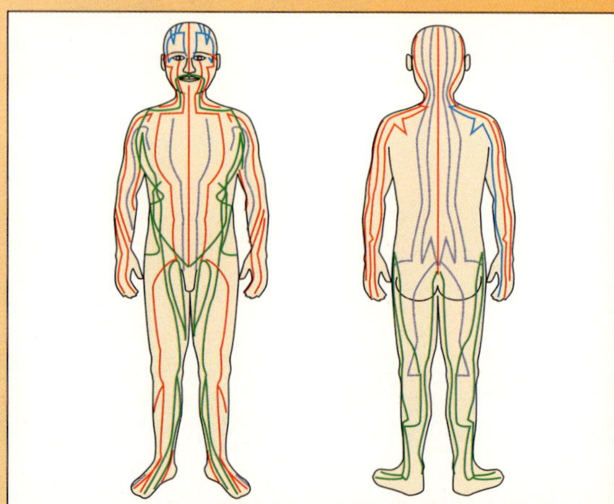

Seit langem nutzt die Medizin **Naturheilverfahren.** Die Wirkungen von Heilkräutern, aber auch Bäder, Massagen, kalte und warme Umschläge, Bewegungstherapien und anderes helfen vielen Menschen schonend und nachhaltig.
Naturheilverfahren und alternative Heilmethoden bereichern die medizinischen Möglichkeiten. Viele Anregungen hin zu einer ganzheitlichen und sanfteren Medizin werden im Alltag der Arztpraxen aufgegriffen. Dennoch ist Vorsicht geboten: Unrealistische Hoffnungen auf Heilung durch Alternativmethoden dürfen nicht dazu führen, dass eine notwendige ärztliche Behandlung vernachlässigt wird.

A1 Wie erklärt die traditionelle chinesische Medizin und wie erklärt die Naturwissenschaft die Wirkungsweise der Akupunktur?

A2 Warum darf Akupunktur nur von Fachleuten und mit sterilen Nadeln durchgeführt werden?

A3 Erkunde in einem Buch über Heilkräuter die Heilwirkung von Zwiebeln. Erkläre die Anwendung von Zwiebelextrakt gegen Schnupfen aus naturwissenschaftlicher und aus homöopathischer Sicht.

A4 Klassische Heilkräuter werden in der Homöopathie eher in niedrigen Potenzen wie D2 oder D4 angewendet. Hast du hierfür eine Erklärung?

A5 Informiert euch in arbeitsteiliger Gruppenarbeit über weitere Methoden wie z. B. Yoga, Meditation, Autogenes Training, Shiatsu, T'ai Chi, Kneippkuren usw. Stellt der Klasse das Prinzip der Methode vor, gebt ein Beispiel und führt, falls möglich, eine praktische Übung dazu durch.

Praktikum

Alternative Heilmethoden

V1 Akupressur
Eine einfachere Form der Akupunktur ist die Akupressur. Dabei werden die Akupunkturpunkte nur gedrückt oder massiert. Versuche bei Gelegenheit die Wirkung der Akupressur an den beiden gezeigten Punkten zu testen.
a) gegen Übelkeit
b) zur Entspannung, gegen Schmerzen

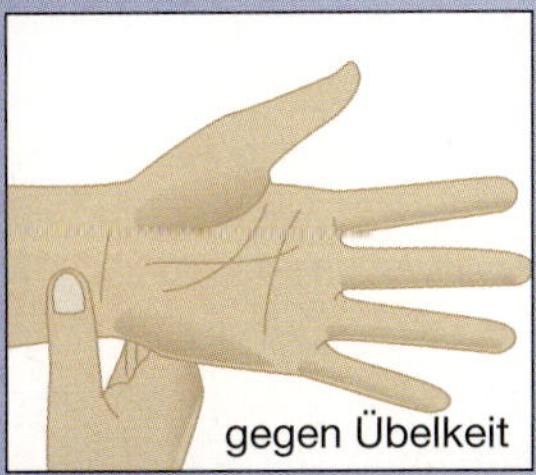

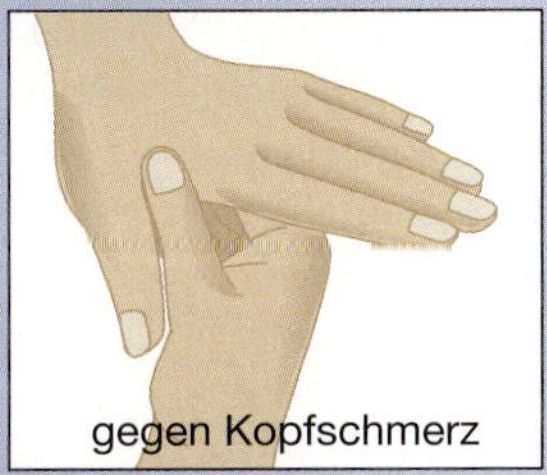

V2 Allium cepa D4 „light" – ein homöopathisches Mittel selbstgemacht
Material: Zwiebel, Messer, Schneidebrett, lichtundurchlässiger (Keramik-)Becher, Alufolie, Becherglas, Teesieb, 20 ml Alkohol (70 %), Reagenzgläser, 1 Pipette (10 ml), 1 Pipette (1 ml)
Durchführung: a) Zunächst wird eine Urtinktur hergestellt: Schäle dazu die Zwiebel, halbiere sie und hacke eine Hälfte in feine Stückchen. Gib die Zwiebelstückchen und 20 ml Alkohol in den Keramikbecher und schüttele das Gemisch gut um. Decke den Becher mit Alufolie ab und lass ihn bei Zimmertemperatur stehen. Schüttele ab und zu um. Filtriere nach einer Woche die fertige Tinktur durch das Teesieb in das Becherglas ab. Die Tinktur ist gekühlt über längere Zeit haltbar.

b) Nun wird die 4fache Dezimalverdünnung (1:10 Verdünnung) D4 hergestellt: Gib 1 ml der „Urtinktur" in das 1. Reagenzglas und dazu 9 ml Wasser (bei echten homopathischen Medikamenten wird weiterhin mit Alkohol verdünnt). Verschließe das Reagenzglas mit dem Daumen und „verschüttele" 10 Mal kräftig durch senkrechte Schüttelbewegungen. Gib von dieser 1. Verdünnung D1 wieder 1 ml ins 2. Reagenzglas, fülle mit 9 ml Wasser auf und verschüttele erneut. Nach zwei weiteren Verdünnungsschritten ist das Mittel in der gewünschten „Potenz" D4 fertig.

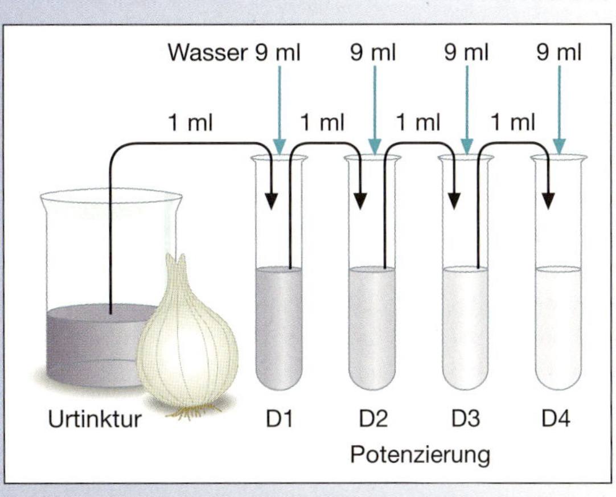

Aufgabe: Prüfe Geruch und Geschmack des Mittels. Allium cepa ist ein homöopathisches Mittel gegen Schnupfen. Man sollte etwa zwei Tage lang täglich vier Mal einen Teelöffel davon einnehmen und die Wirkung beobachten.

Heilpflanzen

Name: Schwarzer Holunder; lateinisch: Sambucus nigra
Fundort: Hecken, Waldränder, Gärten
Sammeln: Blüten (= Flores) im Mai/Juni. Die großen Blütendolden des Holunders werden gut gewaschen. Frisch angewendet entfalten sie wie alle Heilpflanzen ihre stärkste Wirkung. An einem schattigen, luftigen Ort aufgehängt, können sie aber auch getrocknet und dann in einem Leinenbeutel trocken aufbewahrt werden.

Wirkung: (Blüten) schweißtreibend, fiebersenkend, entzündungshemmend, schleimlösend

V1 Erkältungstee

Bereite den Tee als **Aufguss.** Übergieße dazu pro Tasse 2 Teelöffel der getrockneten oder frischen abgestreiften Holunderblütchen mit kochendem Wasser. Lasse den Aufguss fünf bis zehn Minuten ziehen und gieße den fertigen Erkältungstee durch ein Teesieb ab.
Tipp: Im Frühsommer kannst du frische Holunderblüten mit frischen Blättern von Zitronenmelisse und Pfefferminze aufgießen und kalt stellen. Du erhältst so einen durstlöschenden Tee.

Name: Ringelblume
lat.: Calendula officinalis
Fundort: Gärten, auch verwildert; Herkunft: Mittelmeerraum
Sammeln: Blüten (= Flores) Juni bis November; selbst aussäen!
Wirkung: wundheilend, blutstillend, entzündungshemmend

V2 Heilsalbe Calendula

Gib 80 ml Sonnenblumenöl und 15 g reines Bienenwachs in einen großen Kaffeebecher. Gib dazu 10 g getrocknete oder 20 g frische, abgezupfte Blüten der Ringelblume. Rühre sie unter die Mischung. Stelle den Becher in einen kleinen Kochtopf, den du etwa 3 cm hoch mit Wasser füllst. Erhitze die Mischung im Wasserbad und lass sie auf kleinster Heizstufe etwa 2 Stunden heiß ziehen. Rühre ab und zu um.

Gieße dann die noch flüssige **Salbe** durch ein großes Stofftaschentuch in einen zweiten Becher. Wenn die Salbe kalt wird und erstarrt, rühre sie gut durch, damit sie geschmeidig wird. Fülle die Salbe in ein verschließbares Gläschen.

Name: Ackerschachtelhalm *(Zinnkraut)*; lat.: Equisetum arvense
Fundort: Äcker, Wegränder, Gärten auf verdichteten Lehmböden
Sammeln: Kraut (= Herba) Mai bis September
Wirkung: blutgefäßeverengend, blutstillend, entzündungshemmend, pilzhemmend, wundheilend

V3 Zinnkraut gegen Akne

Stelle aus den Sprossteilen einen **Absud** her. Bringe dazu 40 g frisches Kraut oder 20 g getrocknetes Kraut in einem Topf mit 1/2 l Wasser zum Sieden, lasse es auf dem Herd bei kleiner Flamme mindestens 1 Stunde lang „köcheln", bis das Wasser auf gut 1/4 l eingedampft ist. Gieße dann den Sud durch ein Sieb vom Kraut ab. Abgedeckt und im Kühlschrank sollte das Mittel nicht länger als eine Woche aufbewahrt werden. Den Sud kannst du drei Mal täglich mit einem Wattebausch auf Akne-Pickel oder wunde Hautstellen tupfen.
Tipp: Verdünnst du 1 Teil Absud mit 2 Teilen Wasser, so erhältst du ein wirksames Gurgelmittel gegen wunde Stellen im Mund oder gegen Halsentzündungen. Gurgele mehrmals täglich, ohne das Gurgelmittel herunterzuschlucken.

Name: Thymian
lat.: Thymus vulgaris
Fundort: Garten, Balkonkasten; Herkunft: Südfrankreich, Spanien
Sammeln: Kraut (= Herba) ganzjährig, besser vor der Blüte
Wirkung: stark antibakteriell, pilztötend, schleimlösend, entkrampfend, Immunsystem anregend

V4 Hustensirup

Gib einen Zweig frischen Thymian oder einen Teelöffel getrockneten Thymian in einen kleinen Stieltopf. Dazu kannst du noch zwei Samen von Sternanis, einen halben Teelöffel Zimt und drei Scheiben frische Ingwerknolle (Gemüseladen) geben. Koche die Kräuter mit etwa 100 ml Wasser (kleiner Becher voll) und drei Esslöffeln Honig oder Zucker auf und lass zehn Minuten weiterköcheln. Gieße den zähflüssigen **Sirup** noch warm durch ein Sieb von den Kräutern ab. Nimm vier Mal täglich zwei Teelöffel des Sirups gegen Husten oder Halsentzündungen ein. Er sollte innerhalb weniger Tage verbraucht werden.

Name: Zitronenmelisse
lat.: Melissa officinalis
Fundort: Gärten, Gebüsche, Hecken; Herkunft: Südeuropa
Sammeln: Blätter (= Folia), frisches Kraut (= Herba), vor der Blüte, April bis Juli
Wirkung: beruhigend, antidepressiv, krampflösend, entzündungshemmend, verdauungsfördernd

V5 Badeöl Melisse

Durch die Zubereitung eines kalten **Aufgussöls** können heilkräftige **ätherische Öle** aus dem Kraut in Öl gelöst werden. Gib dazu 200 g frische oder 100 g getrocknete Melissenblätter in ein leeres Marmeladenglas. Gieße so viel Sonnenblumenöl hinzu (etwa 200 ml), bis das Kraut darin gerade untergetaucht werden kann. Lass das Glas mit lose aufgelegtem Deckel zwei bis drei Wochen lang auf einer besonnten Fensterbank stehen. Gieße dann das Aufgussöl durch ein Sieb oder ein großes Stofftaschentuch ab.
Abgefüllt in eine verschließbare Flasche aus dunklem Glas bleibt das Öl mehrere Monate haltbar. Melissenöl kannst du als Badezusatz oder als entspannendes Massageöl verwenden.
Tipp: Einen beruhigenden Badezusatz kannst du auch einfach als heißen Aufguss herstellen.

Name: Spitzwegerich
lat.: Plantago lanceolata
Fundort: Wegränder, Wiesen, Trittrasen; sehr häufig
Sammeln: Blätter (= Folia) ganzjährig, am besten im Sommer
Wirkung: schleimlösend (Hustenmittel), entkrampfend, wundheilend

V6 Kräuterumschlag

Behandele einen Insektenstich oder eine wunde Hautstelle mit einem **Umschlag** aus Spitzwegerichblättern.
Koche einige frische oder getrocknete Blätter mit sehr wenig Wasser in einem kleinen Topf kurz auf. Nimm die Blätter heraus und lege sie noch warm, aber nicht zu heiß, auf den Stich oder die wunde Hautstelle, die du zuvor mit etwas Öl einreibst, damit die Blätter nicht festkleben.

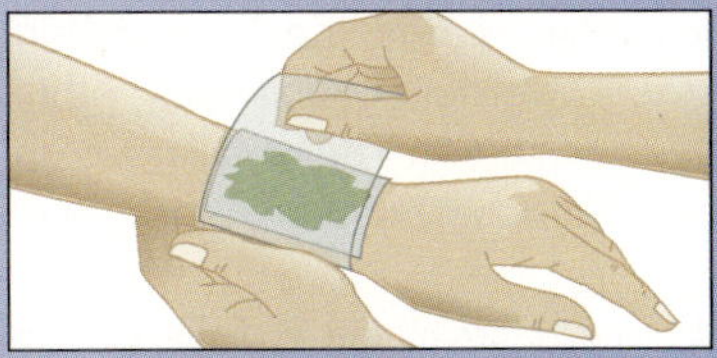

Umwickele die Blattauflage mit einer Mullbinde, damit der Umschlag fest auf dem Körperteil sitzt. Der Umschlag kann 1–4 Stunden einwirken und sollte spätestens dann gewechselt werden.

4 Gentechnik und Gesundheit

Große Hoffnungen auf neue Heilmethoden werden in die **Gentechnik** gesetzt. Zwar liegt eine Heilung von Erbkrankheiten durch einen direkten Eingriff ins Erbgut noch in ferner Zukunft. Auch die Züchtung von neuen Geweben und Organen, mit denen man manchen Kranken vielleicht heilen kann, steht noch am Anfang. Routine ist aber bereits die gentechnische Herstellung Hülleiweiß. Ein **Gen** ist ein Abschnitt im Erbgut, der die Bauanleitung für ein Eiweiß enthält. Nach dieser Konstruktionsanleitung kann eine Zelle das entsprechende Eiweiß aufbauen.
Nach unzähligen Versuchen konnte das Gen aus dem Erbgut des Virus isoliert werden. Nur dieses Gen, nicht das gesamte Erbgut des Virus, wurde daraufhin in Hefezellen eingeschleust. Die Gentechnik nutzt die Tatsache, dass die Gene aller Lebewesen auch in den Zellen anderer Lebewesen gelesen werden können.

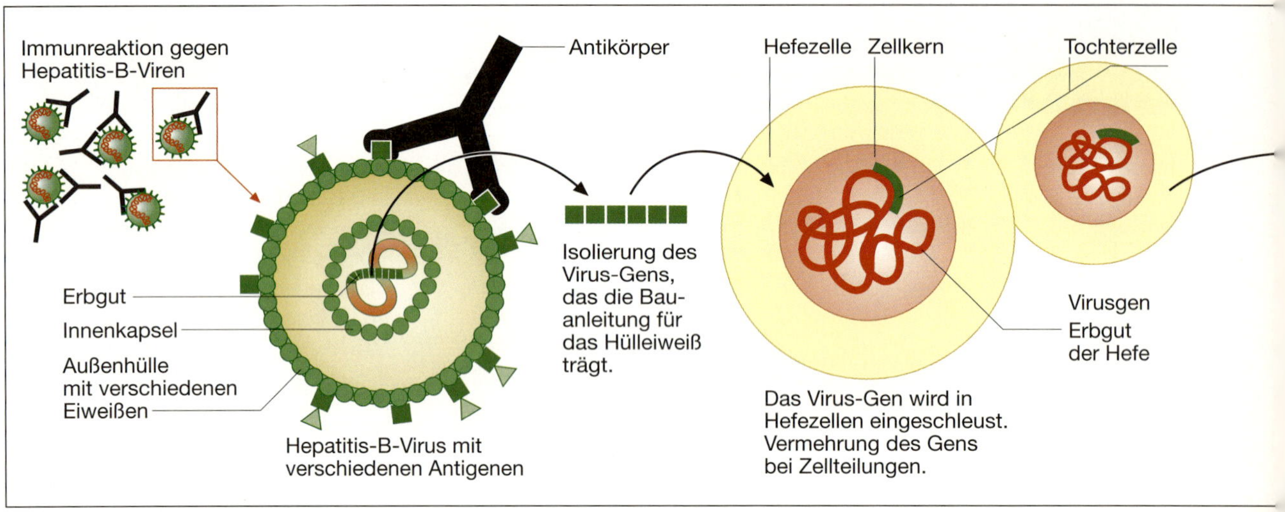

1 Gentechnische Impfstoffgewinnung

einiger *Medikamente.* So werden beispielsweise das für Zuckerkranke lebenswichtige Insulin oder Medikamente zur Blutgerinnung fast ausschließlich gentechnisch gewonnen. Auch bei der Herstellung von Impfstoffen weist die Gentechnik neue Wege.
Impfstoffe auf herkömmliche Weise herzustellen und einzusetzen ist aufwändig und nicht risikolos. Gefährliche Krankheitserreger müssen gezüchtet werden, manche, wie das Hepatitis-B-Virus, sogar in Zellkulturen menschlicher Zellen. Dann müssen die Erreger durch Erhitzen oder Zerlegen zuverlässig unschädlich gemacht werden. Außerdem gibt es immer einige Menschen, die mit einer Allergie auf die mit der Impfung aufgenommenen Eiweißstoffe reagieren.

Viele dieser Probleme löst die **gentechnische Impfstoffgewinnung.** Sie wurde Anfang der 90iger Jahre zuerst für die Hepatitis-B-Impfung möglich. Bei der Entwicklung des Verfahrens war es zunächst nötig herauszufinden, welche Eiweißstoffe in der Virushülle als **Antigen** wirken, gegen das das menschliche Immunsystem reichlich **Antikörper** bildet. Nachdem man ein solches Hülleiweiß gefunden hatte, suchte man im Erbgut des Virus nach dem Gen für dieses

So bauen die Hefezellen, die das Virus-Gen aufgenommen haben, das entsprechende Hülleiweiß des Virus auf. Bei jeder Zellteilung wird auch das Virus-Gen auf die Tochterzellen weitervererbt. So wird das Gen millionenfach identisch vermehrt. Man sagt, es wird **kloniert.** Hefezellen haben den Vorteil, dass sie sich sehr schnell teilen und in einer geeigneten Nährlösung rasch große Mengen an Zellen bilden. Zur **Impfstoffproduktion** tötet man die Hefezellen ab und isoliert daraus das Hülleiweiß des Virus. Gereinigt kann es jetzt als Impfstoff eingesetzt werden.
Wird es bei der Impfung in den Muskel eines Menschen gespritzt, so reagiert das Immunsystem mit Antikörperbildung gegen das fremde Eiweiß. Außerdem bildet der Körper Gedächtniszellen. Kommt dieser Mensch später mit Hepatitis-B-Viren in Kontakt, so schützt ihn sein Immunsystem gegen die Erkrankung. Die Antikörper erkennen das Hülleiweiß in der Außenhülle des Virus und wehren die Infektion gezielt ab.
Die Impfstoffproduktion mithilfe der leicht zu züchtenden Hefezellen ist kostengünstig im Vergleich zu herkömmlichen Verfahren. Dennoch sind auch gentechnisch hergestellte Impfstoffe aufgrund der hohen Entwicklungskosten nicht billig.

A1 Welche Schritte waren zur Entwicklung des gentechnischen Verfahrens nötig, bevor die eigentliche Impfstoffproduktion beginnen konnte?

A2 Begründe, warum bei der gentechnischen Produktion des Hepatitis-B-Impfstoffs und bei der Impfung selbst keine Infektionsgefahr besteht.

A3 Warum ist das Risiko einer allergischen Reaktion im Vergleich zum herkömmlichen Impfstoff geringer?

A4 Als 2001 die Maul- und Klauenseuche (MKS) in Europa ausbrach, durfte man die Tiere nicht gegen das Virus impfen. Ein wesentliches Argument war, dass man ein geimpftes nicht von einem mit MKS infizierten Tier unterscheiden könne, denn die Tests beruhen auf dem Nachweis von Antikörpern gegen das MKS-Virus im Blut der Tiere. Erkläre, wie es mit einem gentechnisch gewonnenen Impfstoff möglich sein könnte, geimpfte von erkrankten Tieren an ihren Antikörpern zu unterscheiden.

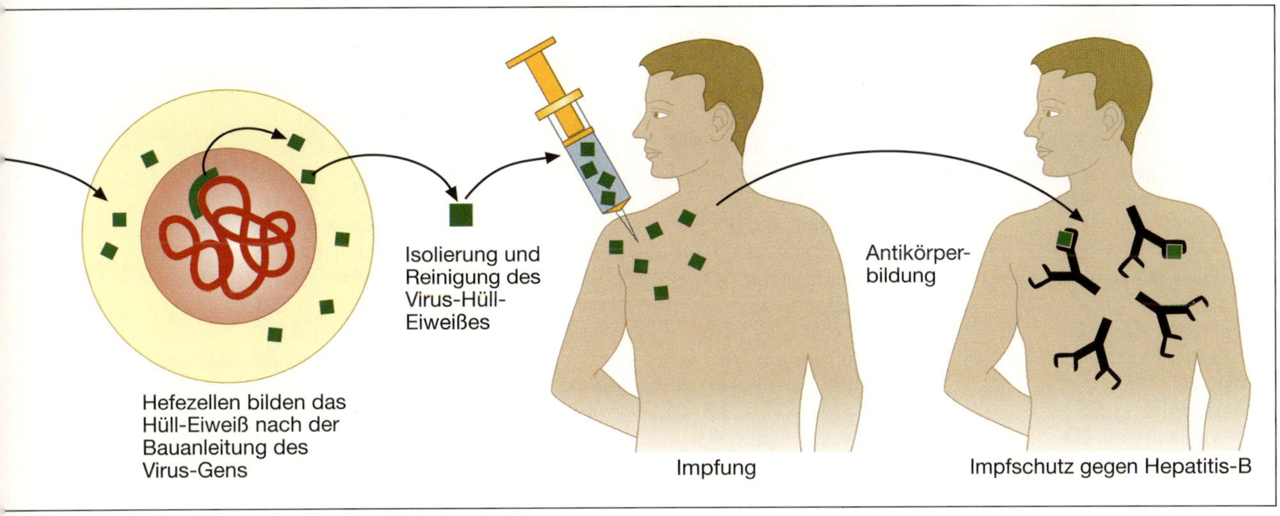

Glossar

Alternative Heilmethoden: Heilmethoden, die andere Verfahren anwenden, als sie in der naturwissenschaftlich orientierten Medizin üblich sind
Akupunktur: alternative Heilmethode, die aus der traditionellen chinesischen Medizin stammt. Durch die Nadelung von Hautpunkten werden insbesondere Schmerzen behandelt.
Antibiotikum: Medikament gegen Bakterien
Blutvergiftung: lebensgefährliche Ausbreitung von Bakterien und deren Giftstoffen über den Blutkreislauf
Eiter: ausgesonderte Gewebsflüssigkeit, die mit weißen Blutkörperchen und Bakterien angereichert ist
Entzündung: Rötung, Schwellung und Erwärmung einer infizierten Körperstelle
ganzheitliche Medizin: Medizin, die den ganzen Menschen sieht und seine körperliche, seelische und soziale Situation in die Behandlung mit einbezieht
Gen: Abschnitt des Erbgutes, der die Information für die Herstellung eines bestimmten Eiweißes trägt
Gentechnik: künstlicher Eingriff ins Erbgut; Übertragung von Genen in andere Zellen
grippaler Infekt: Viruserkrankung mit Erkältungssymptomen
Homöopathie: alternative Heilmethode, die durch besondere Medikamente die Selbstheilungskräfte im Körper anregen möchte
Klonieren: identische Vermehrung von Genen, Zellen oder Organismen
Medikament: Arzneimittel mit heilender oder lindernder Wirkung
Naturheilverfahren: naturnahe Heilmethoden wie Heilkräuternutzung, Bäder, kalte und warme Umschläge, Massagen und Bewegungstherapien, die in der naturwissenschaftlich orientierten Medizin anerkannt sind
Nebenwirkung: unbeabsichtigte, manchmal schädliche Wirkung eines Medikamentes
Penicillin: ein wichtiges Antibiotikum
Resistenz: Unempfindlichkeit, z.B. von Bakterien, gegen ein Antibiotikum

Register

Fette Seitenzahlen weisen auf ausführliche Behandlung hin; f. = die folgende Seite; ff. = die folgenden Seiten.